SANKAKA

山怪 朱

山人が語る不思議な話

田中康弘

山と溪谷社

山怪 朱

山人が語る不思議な話

田中康弘

山と溪谷社

カバー装画＝柄澤　齊

晴れた日に山へ入る。
雨の日も山へ入る。
春夏秋冬山へ入る。
朝昼夜も山へ入る。
生きているから山へ入る。
古来、山人の暮らしはそういうものだった。
生活とはそういうものだった。
山人の人生はそういうものだった。
山には楽しみがあり、喜びがあり、そして恐怖がある。
山には神々しい時があり、そして禍々《まがまが》しい時がある。
山には抱かれるような感覚があり、そして拒絶されるような感覚がある。
人はその身を山に委ねるしかない。
人は山に生かされている存在なのだから。

山怪 朱・目次

II 静寂の山 97

III 背中合わせの異界 187

土佐

九州中央高地

◇

山怪拾遺

はじめに――消えゆく山怪を追う

二〇一八年（平成三十年）九月に『山怪 参』を上梓《じょうし》してから四年以上が経過する。あまりに時間がかかりすぎたと思うが、その理由については後に述べる。『山怪 朱』では北海道の松前半島から宮崎県までの山間部を巡り、多くの人たちに話を聞いた。謎の光や音、奇妙な生物や正体不明の何かとの遭遇。山人たちはそれらに翻弄され、または面白がり、時に恐怖で硬直しつつもまた山へと向かう。山で生きるとは何もかもを受け入れるタフさが必要なのだと改めて感じた次第である。

今回の取材では〝神様〟的な人たちの存在が興味深かった。彼らは人々の不安を和らげる存在でもあり、年寄りには大切な友でもあった。しかし若い人は彼らを必要としていない。その結果〝神様〟は減り続け、地域からいなくなった所が多いのだ。全国的に知られた青森県のイタコですらわずかしか残っていない。これが伝統産業や文化財ならば公金を使ってでも存続に努めるのだろう。しかしそうなるはずもなく、もうすぐ消えてしまうのは確かなようである。

一九九三年（平成五年）に世界自然遺産となった白神山地。核心部と呼ばれる地域には、地元民ですら指定ルート以外特別な許可が無い限り立ち入ることは出来ない。自由に山菜やキノコを採り、尺イワナを追うのが日常の地域だったはずなのに、今は入れないのだ。ほぼ一世代にわたり立ち入りを禁じられた状況で、どんな変化があったのか地元民が語る。

「人が山へ向かうきっかけが無くなったというか。若い人や子供の山に対する興味も無くなっているようにも思いますよ」

世界自然遺産としての価値と山人の生活の場としての価値はまったく違う。入れなければ別のことをするだけなのだ。

全国的に山へ入る人は確実に減っている。小さい頃から森を駆け巡る天狗のような子供たちの姿はとっくに消えた。川を泳ぎまわり魚を手づかみしていた河童《かっぱ》のような子供たちの姿はとっくに消えた。

子供たちの姿が消えるということは生活文化の継承者がいなくなることを意味する。山を活かし、山に生かされるために必要な資質は小さい頃から徐々に育まれるが、それが今は難しい。こうして山人の総数は減り続けるが、決して皆無にはならないだろう。山人がいる限り山怪も無くならない。それを信じて取材を続けているのである。

I　妖しの森

高尾山

蛸杉仙人

東京近郊で大人気の山といえば高尾山だろう。ミシュランガイドにも紹介され、外国人が多く訪れるようになった。休みの日などは都心並みに混雑するという名所でもある。しかし高尾山はもともと修験《しゅげん》の山として開かれ、歴史的にも興味深い地なのだ。

或る夏の日、猛暑の高尾山へと足を運んだ。訪れたのは薬王院の参道で長年営業している茶店である。

「不思議な出来事ですか？　う〜ん、そうですねえ、歌っているような声？はよく聞こえますねえ」

それは一日の仕事を終えて後片づけをしている時である。午後九時を過ぎて辺りには誰もいない。日中の喧噪とはうって変わり静けさが支配する本来の高尾山に戻っていた。ふと気がつけば、どこからともなく声が聞こえる。何だろうと耳を澄ますが実に不思議な感じなのだ。歌っているような話しているような……。

「外に出て確認したんですが、遠くから聞こえる感じじゃないんです。敷地内なんですよ、どう考えても。従業員ではトイレの中で聞いた人もいますよ。この声は不思議なんですが、少しも怖いとは感じませんね」

お囃子《はやし》のような音が聞こえる場合もあり、その時は薬王院からかと思い確かめたそうだ。

しかしそのような形跡は無く、店の近くから謎のお囃子は聞こえていた。このように笛の音や太鼓の音、そしてお囃子が山から聞こえるのは〝山怪〟では定番の話なのである。

＊

「お店の人で仙人を見た人はいますよ」

「仙人ですか？　あの髭《ひげ》生やした」

たまたまその方がお店にいたので詳しく話を聞くことが出来た。

「あれはね、二〇一五年（平成二十七年）の秋ですね。仕事が終わってからの帰り道でした。蛸杉《たこすぎ》の横通ったら誰か座っていたんですよ」

観光客はほとんど下山している時間だ。夕方になって山へ入る人は自殺の恐れがあり要注意、気になった彼女は一緒にいた二人の同僚に意見を求めた。

「今の人さあ、声かけたほうがいいかねえ」

しかし二人はきょとんとしている。

「今の人って？」

「えっ、蛸杉の所にいたでしょ」

怪訝《けげん》な顔をする二人、彼らには何も見えていなかったようだ。参道のすぐそば、蛸杉の横に座っていた老人の姿が。

「仙人みたいな感じでしたよ。髪も髭も真っ白で長いんです。麻の生成《きなり》で作務衣《さむえ》みたいな感じの服でしたね」

現実離れした格好である。たぶんそれは蛸杉仙人なのだろう。

*

この方は不思議な老婆にも遭遇している。或る日店頭で団子を売っていると一人の老婆がやって来た。

「団子をください」

「金ですか？　黒ですか？」（金ごまか？　黒ごまか？）

「黒」

老婆からお金を受け取り釣りを出そうと一瞬後ろを向いたが……。

「いないんですよ、前見たら。参道に出て探したけどどこにもいませんでした。ちょっと変わった人でしたね。小さくてうつむいているから顔が黒くてよく見えないんです」

謎の老婆は団子を受け取らずにお金だけ置いて消えてしまった。このお金が木の葉になれば狸《たぬき》の仕業《しわざ》なのだが。

高尾山

呼ばれる人

数年前に茶店でアルバイトをしていた若者が不思議な経験をしている。

「あれは一月の月曜日だったですかねえ。周りのゴミを拾い集めるんで、その人に四号路へ行ってもらったんですよ」

四号路とは吊り橋のある高尾山の人気コースだ。そこへゴミ拾いに向かった彼が、しばらくすると青い顔をして戻ってきた。

「木から何かがぶら下がっているみたいなんで来てくださいって言うんです。よくあることだからすぐに分かりましたね」

四号路へ入りしばらく歩くと、彼はいきなり斜面を登り始めた。積雪もあって崖のような斜面である。

「何でこんな所を上がるんだろうと思ったら、上のほうにあったんです。もうロープが切れて斜面に座るようにしてましたね」

まるで座禅を組むように〝その人〟はいた。それから警察を呼んで検証などで現場は騒然としたのである。〝その人〟は死後三か月ほど経過していたらしい。

「それが不思議なんですよ、バイトの彼の行動が。四号路から帰る時にあの急斜面を登って帰ろうと思ったらしいんです。普通はそんなことしませんね、絶対に。木に摑まりながらじゃないと登れないし、雪がかなりあったんです。それなのになぜか登ろうと思って一直線にそこに辿《たど》り着いてるんですよ。あれは呼ばれたんでしょうねえ。早く見つけてくれってことでしょう」

帰りがけに現場を確認したが、やはりここを登っていこうとは考えないだろう。それほどの急斜面なのだ。同様の話は〝山怪〟取材では時々出てくる。ヘルメットが山中で転がってきてその先に見つけたり、一週間同じ夢を見続けるのでその場所へ行くと見つけてしまう等々。波長が合う人に〝その人〟は何らかのサインを出しているのだろう、見つけてくれと。

高尾山

白い着物の女

森林インストラクターで高尾山のガイドもしているベテランの方にも話を聞いた。

「十年以上前の話ですが、北高尾山稜を一人で歩いていたんですよ。九月も終わりの頃でしたかねえ。八王子城のほうへ向かう途中で辺りが暗くなり始めたんです」

かなり荒れた登山道の途中で夕暮れが近づいている。まずいと思いつつ歩みを速めると、急に空気が変わるのが分かった。

「生暖かくていや〜な感じがするんですよ。森の中から何とも言えないざわめきも聞こえてきてね。〝ガチャガチャ〟いうんですよ。鎧《よろい》ですよね、鎧着た人の歩く感じですか」

森の中に鎧武者がいるのか？　呆然と佇《たたず》んでいると、辺りが白っぽい光に包まれていくのが分かった。

「あれは何でしょうかねえ。不思議な光とも煙とも言えないぼわーっとした物に包まれたんです。そうしたら白い着物を着た女の人が現れたんですよ」

白い服を着た女性の出現は各地でよく聞く。正体は山の神といわれるが、この場合は少し違うようだ。

「あの辺りは合戦が行われた場所でもあって、たくさん人が死んだんですね。だからいろいろと出てくるらしいですよ。ガイド仲間にその話をしたら、みんな結構見てるんですね。夜中に行けばほぼ会えるそうだから行ってみたらどうですか？」

断固お断りする。

奥多摩

小さな狐が住みつく家

九州出身者にとっての関東地方はだだっ広い平野のイメージしかない。しかし実際には関東山地という山塊が西側にどんと鎮座している。その山塊の北部を占めるのが秩父山系で、最高峰は北奥千丈岳で二六〇一メートルもある。日本百名山を多く抱える山里に暮らす人たちから話を聞いた。

＊

東京都の西部に位置する檜原村《ひのはら》は縄文時代から人が生活してきた山里である。

「この辺りはもともと尾根のほうに家があったんですよ。そこが一番便利な場所だったからねえ。家は代々炭焼きと焼き畑をやっていました。学校に行く時にはついでに炭俵を背負って山を下りるのが日課でね、普通は一俵、雪が降ると橇《そり》に乗せて四俵下ろしましたよ」

北秋川の上流部に住む田倉栄さんの話だ。田倉さんの生家は現在重要文化財になっている小林家住宅のそばにあり、二十七歳で教員になるまでそこで炭焼きをしていたという。九十年ほど以前、その家で騒動が起こる。

「私の叔父が小学校の低学年の頃ですね。調子が悪くて家で寝ておったそうなんです。そうしたら突然布団《ふとん》から飛び起きて家からいなくなったんですよ」

すでに暗くなった山の中へ少年は裸足で飛び出した。びっくりした父親は同じく裸足で少年の後を追うと、一キロほど離れた家に駈け込んだのが見えた。少年は家の戸を開けると一声発して土間に倒れ込む。

「うどんが食べたい」

追いついた父親は何が何だか訳が分からない。しかし少年の願いを叶えるべく家に戻ると、うどんを用意して食べさせた。

「うどんを食べたら落ち着いたそうです。親は追いついた時に仕込み杖で叔父を殴りつけたんだけど、どこにもそんな跡が無くて不思議だったそうです」

仕込み杖を持参するというのも凄いが、それで殴りつけるとは驚きだ。この時叔父さんが倒れ込んだ家は狐《きつね》がいる家として地域では有名な存在。狐がらみと考えた親が仕込み杖を持参していたのだろうか。

「昔は医者が遠くて具合が悪くても寝ているしかないんです。そうしたら婆さんが〝狐たかり〟じゃ言ってね。まずは家の外で空鉄砲を撃つんですよ。それでも良くならないと祈禱《きとう》をしてもらう、そんな時代ですね」

悪霊退散のために空砲を撃つ習慣が昭和まで残っていたのである。叔父さんが駈け込んだ狐のいる家は代々山伏の系統で、さまざまな困り事に対して祈禱を行い対価を貰っていた。

専業の拝み屋さんである。

「月に一度赤飯を炊いてね、狐のいる穴にお供えをしていましたねえ、その家は」

「はあ、庭に狐が住んでいたんですか？」

「いや、家の中にこんな小さな穴があってそこに供えるんですよ。狐の大きさはこれくらいです」

田倉さんが示したのはわずか十センチ程度しかない。その〝ごく小狐〟が家に住みついて家業の手助けをしていたのだろうか。

「その家から出た人にはかならず狐が憑《つ》いていくんです。だから親戚中が狐憑きの家なんですねえ。まあ今はそこも空き家になって誰もいませんが」

本家はとっくに空き家になって、誰も赤飯を供えてくれる人はいない。小さな狐はいったいどこへ行ったのだろうか。

＊

この小さな狐は山の中でも見かけられた。或る時、家人が亡くなったことを親戚に知らせに出た人がいる。尾根道を急いで進んでいると人影が見える。

「誰だろう？　こんな時間に」

訝《いぶか》しんでいると向こうから声をかけてきた。

「おう、どうしたんだこんな時間に」

「ああ、おめえか。いやあ、うちの婆様がさっき死んでしまってなあ。そのお使いに行くだよ」

「おお、そうか。なら俺も一緒に行ってやっからよ」

真夜中の尾根道を一人で歩くのは心細かったから、この申し出は有り難かった。

〝ざっざっざっざ〟

枯れ葉を踏みしめながらしばらく歩いていると、前を行く男の姿が急に見えなくなった。

「あれ？　あれ？　どこ行った」

驚いて闇を見つめていると足下に何かが動いている。それは見たこともない小さな狐だった。闇の中をしばらく蠢《うごめ》くと、小さな狐の姿はすっと溶けるように消えたのである。

＊

檜原村で狐がさまざまなことをやらかすのは東北と共通するものがある。悪さをする狐を避けようと家にはお札を貼っていたそうだ。

「東京の王子稲荷神社のお札です。年会費を払ってそのお札を頂くんですよ。それを貼っていましたね」

狐除けに稲荷神社のお札、それも王子の。普通厄除けといえば狼ではないのだろうか。以前も都内で起こった狐憑き事件で秩父の三峯《みつみね》神社まで祈禱に出向いた話を聞いたことがあるが。

「ああ、狼ですか。それなら昭和三十三年頃に声を聞きましたね。その時は若い連中と御岳《みたけ》山まで歩いていったんですよ。途中で日が暮れて真っ暗闇で動けなくなってね。その時に鳴き声が聞こえました。子供の頃にも聞いたことがあったからすぐに分かりましたよ」

ニホンオオカミは明治時代に奈良県の東吉野村で捕獲されたのを最後に絶滅したといわれている。しかし東北地方では昭和になってもその鳴き声を聞いた例があり、また近年も北関東地方での目撃情報があるが定かではない。

御岳山の眷属《けんぞく》は狼である。麓の集落には狼がいるいわれる家があり、この点は檜原村の狐のいる家とよく似ている。集落の人にとっては畏怖する存在らしい。同様に四国山中には犬神憑きの家があり、特別な家系とやはり見なされている。

奥多摩

闇女

奥多摩町で教育委員を務める原島幹典さんは駅にほど近い商店街の生まれだ。

「どちらかというと町中の育ちですよ。隣の人は猟師でしたけどねえ」

山の中での不思議な経験はあまりないと言う原島さんだが、小学生の頃に狐憑きがあったことを思い出してくれた。

「山の奥のほうに小さな集落がいくつもあったんですよ。今はほとんど無くなってしまいましたが」

半世紀以上前のことだ。数軒の家が集まり炭焼きや山仕事を生業《なりわい》とする集落から町中の学校へ通ってくる同級生がいた。或る日、その子が不思議な話をしてくれた。

「集落に〝狐憑きのおじさん〟がいて、それで大変な騒ぎになっているって言うんです」

何でも近所の人が獣のような唸《うな》り声を上げて跳び回っているらしい。家族や近所の人も集まって取り押さえたが、どうするべきか思案した。

「狐憑きだと言うんで御嶽《みたけ》神社からお札を貰ってきたんです。それを布団の下に敷いて憑きものを追い出そうとしたんですね」

武蔵御嶽神社の眷属はニホンオオカミである。その護符を当人に知られぬようにそっと布団の下に敷き込んだのだが……。

「不思議ですよねえ、その人知らないはずなのに、布団には絶対に近づかなかったそうですよ」

＊

原島さんの同級生は夜中に庭先で凄い音を聞いたことがある。どすんどすんと地響きがして、何かが組み合って争うような凄い音だった。あまりの迫力にとても雨戸を開けてみることは出来ず、身を固めて震えるしかなかった。夜が明けて庭先に出てみると、荒れ果てた庭には見たこともない獣の毛が散乱している。熊でも鹿でも猪でもない、実に不思議な毛だったそうだ。

＊

原島さんは農学部林学科の出身である。卒業後、森林の管理に関する仕事に携わっていたが、或る地域で鹿の生態調査を行った時に奇妙なことがあった。

「地元の猟師さんたちとの共同作業だったんですよ、調査は。森の中に赤外線カメラをたくさん仕掛けてね、その前を鹿が横切るとセンサーが感知して写真が写るんです」

一月《ひとつき》ほど山中にカメラを放置、その後回収して画像を確認するのだが……。

「数人で確認作業をしていたんですよ。そうしたら一人が〝うわあ、何だよこれ！　気持ち悪いなあ〟って声を上げたんです」

その声に皆が集まり画面を覗き込んだ。モニターに映っていたのは若い女性の姿だった。画像には撮影時間も記録されている。

「真夜中なんですよ、それが。登山道でも獣道でもありませんそこは。昼間でも人が入らない場所ですね」

林道からは遠くないというが、夜中に女性が一人でやって来るとは思えない。おまけに女性はライトも持っていないのである。真夜中の森の中に灯りも無しに入る人がいるとは驚きだ。

「その人の格好が普通なんですよ。町中にいるような感じでね、顔も至って普通なんです。だから余計に怖かった」

＊

山の中で女性に会うことが怖いと言う人は多い。奈良県下北山村のベテラン猟師は、集落内で夜すれ違う女性には肝を冷やしている。知り合いしかいない地域で目も合わさず挨拶しない女性が、この世の者とは思えないと言うのだ。

和歌山県在住の山人は、奥山で立木の状況を調べていたら女性が歩いてくるので驚く。そこは山歩きの人が入り込むような場所とは違う。女性は山菜やキノコ採りの格好でもなくごく普通、スーパーに出かけるような出で立ちで奥山に入り込んでいたのだ。これには山のベテランも恐怖を覚えたのである。しかし本来いるはずのないモノが現れるのは山では珍しくない現象だ。

奥秩父・丹波山村

白い犬と不思議な人

東京の奥多摩町から奥多摩湖を抜けて西へ進むと山梨県丹波山村《たばやま》へ入る。人口は五百人程度だが、若い移住者が近年増えつつある狩猟の盛んな地域だ。役場で文化財担当の寺崎美紅さんも移住者の一人で、狩猟も行っている若い山人である。

「学生の頃、友達と二人で三峯神社の奥宮へ向かったんです。前の晩に宿坊に泊まっていたので朝食前に登ろうと思って」

五月初旬の早朝、若い女性二人は奥宮を目指す。薄明かりの中で前方にふと何かが見えた。それは大きな白い犬のようだった。

「かなり大きかったですね。ゴールデン？　いやそれよりもっと大きかったですよ」

ゴールデンレトリバーよりも大きな個体で立ち耳の白い犬、いや犬かどうかは分からないが、その何かは堂々とした体でじっとこちらを見ている。その距離は五メートル程度か。

「何だあれって見ていました。横向きでどんと立っていましたからね。しばらく見合っていたんです」

早朝の空気の中で彼女たちは不思議なモノと向き合った。思えば見通しの良い場所で、なぜこの距離まで存在に気がつかなかったのか不思議だった。突然現れたといっても差し支えはないかも知れない。もう少し近づいてみようかと考えた瞬間、白いモノは垂直にぴょんと跳び上がった。見事なジャンプで空中へ舞い上がると、参道横の笹藪《ささやぶ》の中へ音もなく吸い込まれたのである。

「えっと思って急いで見に行ったんです。飛び込んだ場所をよく探したんですが何も無い。あれだけの大きな体が入ったのに草一本倒れてないんですよ」

笹藪に飛び込んで逃げたはずなのに、ガサガサと音もしなければ何の痕跡も無い。まるで地面に吸い込まれたかのようだった。

「あれいったい何だったの？と友達と話しながら先へ進んだんですが、奥宮の手前にある岩場まで来たら〝ぐるるるる〟って何かが唸るような声が聞こえたんです」

不思議な唸り声だった。周りから聞こえるというよりは真横に近い。それも右耳のすぐ横で何かが唸っているのだ。

「友達に話したら彼女もまったく同じ様態だったんですよ。右耳のすぐ横で唸り声がしてた」

何とも言えない気持ちで奥宮を訪れた後、本殿でその話をすると特別にご祈禱をしてくれた。大きな白い犬はご眷属ではないかということでご祈禱料はいらなかったそうである。

＊

寺崎さんはやはり学生時代に不思議な人たちと遭遇している。

「あれは雲取山の手前のピーク辺りでしたね。少し霧が掛かり始めたら何かざわざわ賑やかになるんです」

複数の登山者が登ってきているのだなと寺崎さんは思った。楽しそうに話す声は聞こえるがはっきりとは聞き取れない。しばらく彼らが登ってくるのを待ったが結局姿を現すことはなく、いつの間にか賑やかな声も聞こえなくなってしまった。

*

同じく雲取山、登山者が少ない時期の話だ。寺崎さんが山頂に着くと、一人の男性がいるのみだった。ほかに人がいないので、嫌でもその人に目が行く。どこから登ってきたのか、これからどういうコースを辿るのか想像するが、その男性に動き出す気配はまったく無かった。

「しばらくして私は下り始めたんです。そうしたら途中で登ってくる人がいて目を疑いました」

登ってくる人物には見覚えがあった。それは先ほど山頂に佇んでいたあの男性である。

「えーっと思ってすれ違ったんです。服装も足回りも山頂のままです。驚きましたね」

*

雲取山の山腹にある山小屋、三条の湯の三代目である木下浩一さんも不思議な人を見かけたことがあるそうだ。

「最近の話ですね。山で作業をしていたんですよ。何気なく反対側の斜面を見たら人がいるんです。青い服着た男でしたね」

木下さんが変だなと感じたのは、その人がいた場所だ。道からはかなり離れているし山菜やキノコが採れる斜面ではない。なぜ男がそこにじっと佇むのか理由は分からなかった。

奥秩父・丹波山村

守られる人

木下さん自身にはあまり不思議な経験は無いと言うが、九死に一生を得たことはあるそうだ。

「あれは平成七年の二月でしたねえ。雪は少なかったなあ、確か」

木下さんは週に二回ほど三条の湯から下界へ下りていろいろ用事を済ませる。山小屋を出るときには下界の家に連絡を入れるのが常であった。その日も電話をした後トラックに乗ると林道をいつものように下り始めたが、途中で前輪に異変が生じた。

「ガクンとなって、あれ、変だと思った時から記憶が無いんですよ」

ガクンというショックは前輪が林道を逸脱したのである。トラックはそのまま崖から転落、下の沢まで達していた。時間にすると短かったかも知れない。気がついた木下さんは目の前でカラカラと回るトラックの前輪を見ていた。

「エンジンはまだ掛かってましたね。少ししたらエンジンは止まったんです。私ですか？　岩の上に座っていました」

沢沿いの岩の上で木下さんは体育座りでぼーっと車を眺めていた。三十メートル近い高さから転げ落ちた車は屋根が潰れ運転席は大破している。それを見ながらなぜ自分はここにいるのだろうと不思議な気がした。どうやってあそこから出たのかまったく分からなかったのである。

「そこにいてもどうしようもないですからね。携帯も通じない場所だし、何とか林道まで這い上がっていきました」

かなりの難所を登り切り林道に出ると座り込んでしまう。その頃いつまで経っても下りてこない木下さんを心配した家族は山小屋へ向けて登り始めていた。ほどなくして無事に発見され病院へ行ったが大きな怪我《けが》は無かった。骨折や裂傷はなく打撲がある程度で済んでいる。大破した車の状況からすれば奇跡的とも言えるだろう。

＊

山仕事をする人はよく〝守られた〟と口にする。奥多摩町の原島さんも述べている。

「死んだり大怪我してもおかしくない状況は何回かあるんですよ、今までに。でもほとんど無傷で、そんな時は守られたんだろうなあって思いますね。別に信心深い訳じゃないけど、今日は少し危ない現場だな思う時は朝、神棚と仏壇には入念に手を合わせますけど」

運の善し悪しといってしまえばそれまでの話だ。しかしだからこそ人知を超えたところにすがりたい気持ちが生じるのだろう。山人にはその傾向が強いようでもある。

奥秩父・丹波山村

大蛇と火の玉

最近、丹波山村は狩猟の村として地域おこしにも力を入れている。そんな丹波山村のベテラン猟師である木下栄和さんに話を聞いた。

「昔はクリスマスの頃に熊猟に行ったんだよ。穴熊猟（冬眠中の熊を狙う猟）でそうさなあ多いと一穴で三頭捕れたこともあるんだよ。猟期に九頭捕った時なんか全部百キロ以上で凄かったたな」

かなりの狩猟環境である。木下さんが子供の頃は小遣い稼ぎで山菜採りをよくしていたそうだ。

「熊倉のほうへフキとかワラビ採りに行くんだ。背負い籠に八分目くれえ採ったけどもまだまだ入るからな、どんどん登っていったんだよ」

籠を背負い急斜面を登っていくと開けた場所に出た。辺りは最近伐採したばかりらしく剝き出しの赤土の上に大木が無造作に積んである。もっと上まで行くべきか考えていると、どこからか不思議な音が聞こえてきた。

「ずずずず、ずずずずって変な音がするんだよ。何だろうって音のほう見たらよ、凄く大きな蛇《へび》が積んである木のあいだに潜り込もうとしてたんだ。見えたのは尻尾《しっぽ》の所だけだったけど、その太さがこれくらいあったから驚いたよ」

木下さんが示したのはテーブルに置かれた五百ミリリットルのペットボトルである。これが一番細い尻尾部分とすると図体はかなりの大きさだろう。

「そいつが這った赤土の上には凄い跡がこう波打ってたんだよ。びっくりして逃げて帰ったんだけど、家の者に話しても誰も信じてくれないんだ。いやああれは二〜三メートルのアオダイショウとはまったく違う。大蛇《だいじゃ》？　ああそうかもなあ」

＊

木下さんは三十年ほど前に謎の光を見たことがあるそうだ。それは一抱えもある青白い光の塊である。近所の家から突如現れた光の塊に木下さんは言葉を失ってただ見つめていた。そのうちに空に吸い込まれるように舞い上がり消えていったのである。ちなみにこの家の人が亡くなったのはそれからかなり後のことなので関係性は不明である。

西上州

大漁に気をつけろ

慣れ親しんだはずの近場でも時折いつもとは違う光景に出くわすことがある。街中でも例えば水路にぐしゃぐしゃになるくらい魚が群れていると、ぼんやり不安を感じる人はいるだろう。或る事象に対して吉兆と捉えるか凶兆と捉えるかは個人差が大きい。

群馬県の神流町《かんなまち》で鍛冶屋《かじや》の四代目である天野賢さんから聞いた話だ。天野さんは工房横を流れる神流川をホームグラウンドとする鮎釣り名人で川の達人である。

「父親は鮎釣りが凄く上手かったですねえ。その父に鮎が凄く釣れる時は気をつけろよって言われたことがあるんです」

いったい何に気をつけろというのだろうか。それから数年して天野さんはその忠告の意味を知ることとなる。

「八月でしたね。仕事を早めに終わって釣りに出かけたんですよ。神流川はそんなに川幅は無いんですが道からは下りられないような所もあって、そこまでは歩いていくんです」

途中で浅瀬を渡って対岸へ立つと早速竿を投じた。日没まではまだ時間があり、辺りはかなり明るい。竿の感触に神経を集中して流れに立つこの時間がたまらなく好きなのだ。

「次から次に鮎が釣れるんです。もう怖いくらいに釣れるんで驚きましたよ、そんなことは経験が無かったから」

海釣りでは入れ食いなる言葉もあるが、鮎釣りでは考えられないことだった。釣れて釣れて釣れまくる状況に天野さんは我を忘れて竿を振るが……。

「あれっと思ったんですよ、いつの間にか周りが真っ白なんです。霧で何も見えない」

気がつくと川の中にポツンと佇む自分の周りを深い霧が包んでいる。しばらくは霧の中で釣りを続けたが、徐々に恐怖心が沸き上がってきた。納竿して帰ろうとしたが、まったく自分の居場所が分からないのだ。分かるのは川の上下だけである。

「全然周りが見えないんです。川の感じから大体この辺だろうと思った所を渡ろうとしました」

川底の感覚から場所を推定して対岸へのルートを確保したと感じた天野さんが足を進めると、待ち構えていたのは深みであった。それもまったく足が着かない深さで完全に飲み込まれてしまったのである。普通の釣り師なら遭難する状況だが、子供の頃から知り尽くした神流川は我が家同然である。賢さんは何とか対岸に辿り着くことが出来たが、河原でしばし呆然と立ち尽くしつつ父の顔を思い浮かべたのである。

「気をつけろとはこういうことだったのか……」

この出来事について天野さんの考えはこうである。

〝気圧の変化で鮎は急に餌を食べるようになり活発化する。そして気圧の変化は天候の急変

に繋がり雷雨にもなる。だから爆釣状態になったら気をつける必要がある〃

しかし尋ねると前後に雷雨は発生していない。また鮎は友釣りなので餌を食べるか否かはあまり関係がないようである。原因は定かではないが、天野さんのお父さんも同様に危ない目に遭ったのは間違いないようだ。

西上州

恐ろしいヤマカガシ

〝南牧村〟と同じ字を書いて、長野県では〝みなみまきむら〟と読み、群馬県では〝なんもくむら〟と読む。群馬県の南牧村は日本で一番海から遠い地点と認定された場所があるくらいの山間地である。南牧村役場近くで民宿を営む岩井武さんから話を聞いた。

「ああ、不思議なことですか……大蛇を見て従弟が気絶したことはあったかなあ」

それは半世紀ほど前の出来事である。村の東にある椚《くぬぎ》地区へ従弟が桑の木を採りに行った時だ。桑はもちろんお蚕《かいこ》様用であり、子供にとって大事な仕事でもある。バサバサと桑の木を集めていると、近くで何かが蠢く気配を感じた。

「何だ？」

音のほうへ眼を転じると草が大きく揺れるのが分かった。風のせいではない、明らかにそこに何者かが潜んでいる。おっかなびっくり見ていると、大きく分かれた草のあいだからギロギロとした目が見えた。記憶はここまでである。

どのくらい時間が経ったのだろう。薄明りの中で目が覚めた。

「ここはどこ？」

「ここはおめえの家だ。おめえいったい何をしてただ？　桑はどうした」

桑、そうだ桑を採りに行ったんだ。そうしたら何かがガサガサと出てきて……。

「うわああああっ！　蛇だ、蛇が出たんだ」

気を失う直前の出来事を思い出した従弟は真っ青な顔で震えだす。蛇は珍しい存在ではない。どこにでもいるありふれた生物だ。しかし従弟の目の前に現れたのは並みの蛇ではなく大蛇としか言いようがなく、遭遇した彼は腰を抜かすどころか気絶してしまったのである。

事の顚末を聞いていた家人は渋い顔で、誰も彼の話を信じようとはしない。

「そんな大蛇みたいなもんがいる訳ねえ。嘘ばかり言いやがって」

嘘つき呼ばわりされてはたまらない。従弟は必死で説得して家族を現場まで連れていき大蛇を探したが、もちろんその姿は無かった。しかし辺りをしばらく探すととんでもない物が見つかったのである。それはあまりに大きな蛇の抜け殻だった。

「いやあ凄い大きさでしたねえ。あんまりでかいから片足を突っ込んでみたらズボンみたいに履けたくらいでしたよ」

大きな蛇の抜け殻の話を何度も聞いたことはあるが、片足がすっぽりと入るとなると尋常ではない。まさに大蛇である。この時はテレビ局や地元新聞社が取材に訪れちょっとした騒ぎになったそうである。

＊

実は岩井さんの親戚でもう一人大蛇に遭遇した人がいる。夜中、或る神社のそばを通りかかると道の真ん中に木がどんと倒れていた。車から降りて確認したがとても一人では動かせないくらいの大きさだ。どうしたものかと思案に暮れていると、その〝木〟はズルッズルッと動き始めたではないか。それはとんでもない大きさの蛇だったのである。

荒船山で大蛇の存在が囁かれたことがある。草が大きく波打ち、後にははっきりと分け目が生じるのだ。押し倒された感じからして決して獣の仕業ではないと山に慣れた営林署（現森林管理署）の人が証言している。中には大蛇らしき物が這った後は草が枯れると言う人もいた。結局この騒動はほどなくして収まっている。

＊

このように南牧村には大きすぎる蛇が存在するようだが、奇妙な蛇ツチノコに関してはどうだろうか。

「ツチノコ？　でかいヤマカガシがこんなになっているのは見たことがありますよ」

岩井さんが手で示したのはビール瓶よりも遥かに大きいサイズだ。

「それを車で轢いたんです。ちょうど山道のカーブの所で曲がったらそこにいたもんで。そのままバチーンって音がしてねえ、風船が破裂したみたいにバチーンって」

驚いた岩井さんは車から降りるとその何かを確認した。模様からすればヤマカガシ、それもかなりの大きさで、その腹の中には特大のヒキガエルが飲み込まれていたのである。轢く直前に見た姿形はツチノコそのものだった。

「ヤマカガシはこう顔の横が膨らんでね、コブラみたいになる奴がいるんですよ。それは怖いよ。うちの親父にそいつが白い霧みたいなものを吐き出すと危ないからって言われましたねえ」

調べるとヤマカガシは首の後ろからも毒を出せるそうで、そのことなのだろうか。どちらにしても要注意である。

西上州

楽しい遠足

南牧村は養蚕、炭焼き、紙漉き、林業などに多くの人が従事してきた地域で、珍しいところでは硯《すずり》の産地でもあった。現在では廃れてしまった産業もあり、集落内に多く空き家が目立ち人口減少に歯止めが掛からない。全国どこの山間部でも同じような状況である。

これは二十五年ほど前の出来事で、引き続き岩井さんが話をしてくれた。

「うちの子供が小学校の遠足でダム（大仁田ダム）へ行ったんです。その時に変な写真が撮れて騒ぎになったことがありましたねえ」

年に一度の楽しい遠足は子供たちにとって大切なイベントである。そのイベントを記録する役目はカメラ好きの父兄にとっては大役だ。その年もカメラマンは、楽しそうな生徒たちの姿を逃すまいと休みも取らずに動き回っていた。遊んでいるところをパチリ、弁当を広げている所をパチリ、みんな並んでパチリ。大切な学校行事を丁寧に記録していった。無事に遠足も終わり、数日後出来上がった写真を見てカメラマンは首を傾げる。

「あれ、誰だろうなこの子は？」

手にした写真を見ながら考え込んだ。遠足の参加者は全員顔見知り、ほぼ名前が分かる子供たちばかりのはずである。しかし目の前に並べた写真の中に見覚えのない子供が写っている、それも複数。

「転校生の話は聞いてないしなあ、それにしても変な子供だな」

見れば見るほど違和感が募る子供たちの姿。その原因は彼らの格好だった。おかっぱ頭やモンペを履いた姿形は明らかに現代の生徒たちとは違ったのである。

「いやあ、これはエライもんが写ってしまった、どうしようか？」

考えあぐねた末にカメラマンはお寺へ写真を持参して住職に相談をしたのである。写真を手にした住職は、

「写っているのは別に悪い霊たちじゃないから心配することはないよ」

住職にそう言われて改めて写真を見直すと、確かにどの子も楽しそうな表情に見えたのである。

遠足で訪れたダムの上流部は昔炭焼きの人たちが住んだ地域で、子供もそれなりにいたらしい。普段は静かな場所に児童たちの楽しそうな声が聞こえて、きっと古《いにしえ》の彼らも一緒に遊びたくなったのだろう。決して悪い存在ではない。写真を見た人はそう感じずにいられないのである。

西上州

二度と行かない

これは岩井さんが知り合いから聞いた話である。釣り好きであちこちの山々を歩き回るAさんは、みなかみ町の或る釣り場が特にお気に入りだった。谷川岳近辺で吊り橋を渡って向かうまさに秘境という風情が特に好きで、年に何度も釣行を重ねていたのである。そのAさんが或る日を境にそのお気に入りの場所へ向かうのをぱたりとやめてしまった。

「どうしたの、最近あそこへ入らないらしいじゃないの？　釣れねえのかい」

久々にあった知り合いは何の気なしに尋ねたが、Aさんの顔色が変わるのを感じた。

「ああ、あそこか……あそこはもう行けねえんだよ」

「何で？　がけ崩れかよ」

躊躇《ためら》いながらもAさんは答えた。

「違うんだよ、女の子がよ……」

Aさんの話はこうである。数か月前、いつものようにお気に入りの場所へ向かった。わくわくしながら吊り橋を渡り、しばらく沢筋を登っていく。天気は薄曇りでまずまず、今日はどんな出会いがあるのか思いめぐらせつつ竿を出した。

水の音、鳥の声、風にざわめく木々、何もかもが心地良い空間だ。竿を何度か振った時のことだ。対岸の人影に気がついた。

「あれ？　釣りかな」

目を凝らして見るとどうやら子供のようだ。それも女の子である。Aさんは思わず辺りを見回した。当然である。そこは子供が一人で来るような場所ではない。大方家族で遊びに来たのだろうと考えたからだ。しかし彼女以外に人影は無い。変だとは思いながらもAさんはあまり深く考えずに釣りを続けることにした。

しばらくすると沢はゴルジュとなり、いったん林道を迂回せねばならない箇所に来た。Aさんは納竿するとよっこらしょと斜面を登って一汗かいたのである。森の中に入ると沢の音が小さくなって森のざわめきが勝る。これもまた渓流釣りの一端だ。

再び沢に出たAさんは驚愕する。すぐ目の前の岸にあの女の子が立っているではないか。

「どうやって来たんだ！」

例のゴルジュを迂回するには今自分が歩いた所以外に思い当たらない。先回りをしたのか……いやそれは不可能だ。なぜならその女の子は着物姿だったから、それも白装束である。とても山の中を歩ける格好ではない。ではあれはいったい……。

目の前に佇む女の子はただじっとこちらを見つめるだけである。Aさんは落ち着くように自分に言い聞かせながらその場を離れた。無事に駐車場まで戻った時には全身の力が抜けるのを感じたのである。

西上州

電報配達人

南牧川のすぐ横で三代続く理容店を営む荒木勝己さんは、御年八十四歳でも現役の山人だ。近くの妙義《みょうぎ》山や荒船山には何百回となく登ってきた鉄人でもある。

「父や母はこの前の山に狐火を見たり背中の荷物を狐に化かされ無くしたなんて話をしてましたねえ。私ですか？　私は無いなあそんな経験は」

ご自身には無いと言うが、近しい人にはいろいろとあったそうだ。

これは昭和初期の出来事である。或る日急に叔母さんが異常な行動をするようになった。家の内外をぴょんぴょんと飛び回り、顔つきも尋常ではない。

「目が吊り上がってね、こりゃあ狐が憑いとるいうことになったんですよ」

これは大変だというので近所でも有名な神様（拝み屋さん）を呼ぶことにした。白装束の神様は締め切った居間で狐を燻し出す作戦である。真ん中で杉の葉や唐辛子を燃やしながら必死の祈禱を続ける。この時、部屋は完全に締め切ってはいなかった。きちんと狐の逃げ道を確保していたのである。しばらくは神様と狐を攻防が続き何とか追い出すことに成功した。

「ほら、これを見ろ」

神様に指さされたのは土間に点々と残る狐の足跡だった。あらかじめ土間には家の前を流れる川から集められた砂が敷かれ、綺麗に箒目《ほうきめ》を立てて掃き清められていたのである。

＊

以前は電報の特殊配達という制度があった。さまざまな使い方がされていたが、今はほぼ廃止されている。荒木さんのお父さんはこの種の電報を時々配達していたそうだ。

昭和三十年代半ばのことである。国会が解散されると地元民へその旨を知らせる至急電報が発せられた。その日のうちに各戸に届けなければならず、とてもお父さん一人では無理、そこで勝己さんと兄も手伝いをすることとなる。

各集落を手分けして回り戸を叩く。

「でんぽ〜っでんぽ〜っ」

数時間後、勝己さんとお父さんは家に戻ってきたが、お兄さんは翌朝まで家に戻ることはなかった。

「いやあ、ぐるぐるどこかを歩き回っていたらしいですよ。まあ狐に化かされたんでしょうねえ。郵便局でも兄は化かされた人で有名になったくらいですから」

電報配達人に関する話は奈良県山中でも聞いたことがある。真夜中だろうと山の中だろうと電報を届けるのは大変な仕事だ。山中の狐にとってはちょっかいが出しやすかったのだろう。

勝己さんは健脚で知られるが、お父さんも相当だったらしい。秩父の三峯神社まで自転車でお参りに行ったというから驚きである。もちろんご眷属である狼の力を頼ったからで、それほど力があったのだろう。八十キロほどの厳しい道のりを自転車で向かうエネルギーには脱帽だ。

＊

前述したように勝己さんは数知れないほど妙義山に登ってきた。多くの人と出会ったが、中には忘れがたい親子がいる。

「私が頂上で休んでいたら母子が登ってきたんです。着いたらすぐに昼ご飯を食べ始めてね、普通は景色を眺めたりするもんだから変わってるなあと思いましたよ。月曜日でほかには誰も会いませんでした」

勝己さんは仕事柄月曜日が休みで、ほぼ毎週山へ登っている。十歳くらいの子供がなぜ平日に来たのか聞くと、運動会の代休と母親が答えたそうだ。しばらくして別れたが、この子は未だに下山をしていないのである。

「母親は崖下で見つかったんですがね、子供は行方不明のままですねえ」

母親は緻密な登山の行程表を家に書き残していたが、それが実行されることはなかったのである。

西上州

妙義山中之嶽神社

七つの峰々からなる妙義山は実に不思議な形をしている。山頂はどこも特徴的な岩山で、如何《いか》にも妙な山なのだ。古くは修験の場であり、今でも多くのパワースポットを有する人気の山である。そのうちの一つ、中之嶽《なかのたけ》神社で宮司を務める工藤貴弘さんに話を聞いた。

「ここは不思議な所なんですよ。晴れと雨の天気の分かれ目がぱきっと見えるんです」

東へ広がる平野へ向かい神社から晴れと雨の境が伸びるのだそうだ。

「ご神体を綺麗にして納めた時も不思議なことがあったんですよ。それまで穏やかだったのに納めた瞬間に社が揺れるくらいの突風がごおおおおって吹いたんです。出雲大社の遷宮に出席した時もご神体を納めた途端もの凄い風が吹いて大雨になりましたねえ」

神事と天候に纏《まつ》わる不思議な話は時折聞くが、単なる偶然とは言い難いだろう。

＊

「ここではポンポン音が聞こえることがよくあるんですよ。狸ですか？　いや狸じゃなくて天狗の鼓とか言いますねえ。ポンポンポン、ポポポンて感じで、それがあちこちから聞こえるんです。昔は頻繁に聞こえたんですが、あの震災以来減りましたねえ」

子供の頃から聞きなれたポンポンは、嫁いできた奥さんにはかなりの恐怖だったそうだ。

「夜、布団の中でポンポン聞こえるとお祖母ちゃんが〝おお、縁起が良い。明日は参詣の人がたくさん来て忙しくなる〟って言ってましたよ」

最近でも駐車場で泊まっていた人がこのポンポンを聞いて震え上がった。今まで幾人もの人がポンポンを調べに来たが、まったくその原因は分からなかった。

「まあ、何らかの自然現象かなとは思いますがねえ。或る人が〝まだあの狐の鼓は聞こえるか〟って来たことがありましたよ。俺が退治してやるって日本刀を持って山へ入っていったんです」

それは……ポンポンよりも遥かに物騒で怖い。この男性はしばらく後に無事に山から戻ったが、肝心の狐には奥に逃げられたと悔しそうに語ったそうだ。

＊

「狐は見たことがありますよ。私が小学校の五年生でしたかねえ、弟と一緒にそこで遊んでいたんです」

中之嶽神社は文字通りのポツンと一軒家だ。学校は遥か下界にあって、集団登校の集合地点まで家人が車で送るような環境である。或る日の夕方、弟と二人境内で遊んでいると、すぐそばの鳥居付近に妙な物が見えた。

「何だろうって見たら狐なんですよ。それが大きな狐で真っ白なんですよ」

「白狐ですか？」

「そうなんです、尾が三本に分かれていてこっちをじーっと見ているんです。少ししたらふっと掻き消えたんです」

尾が三本の白い狐！　まさに霊獣というフォルムである。

「この前、弟と話をしたら、弟もあの時のことはよく覚えていましたね」

しんとした空間で三本尾の白狐と向き合った時間は兄弟共通の宝物なのだ。

*

現在、道路を挟んだ所にある広くて見晴らしの良い駐車場は、もともと山だったそうだ。その名も稲荷山というから狐とはご縁があっても不思議ではない。狐とは違うが工藤さんは境内を歩く謎の集団を見かけたことがあるそうだ。

「それは白装束の人たちでしたね」

「修験者ですか？」

「そうでしょうねえ。ここはもともと修験の山ですから。昔は稲荷山（現駐車場）を越えて下りたらしいですよ」

古の行者たちは慣れ親しんだ稲荷山が駐車場になってさぞ驚いたことだろう。行者が荒れ果てた古道に佇む話は奈良県山中でも聞いたことがある。彼らは永遠に修行の身であるのかも知れない。

神社は聖地であるが故にいろいろなものが集まってくるらしい。時々憑き物落としの祈禱もあるそうだ。

「狐憑きというよりは狸でしたかねえ、あれは。何だか格好が狸かアライグマみたいになった人は来ましたよ。あと凄かったのは体の中に百人の霊が入っているから払ってくれと言う人もいて、その時は午前零時から朝の四時くらいまでかかりました」

それはかなりの重労働だ。この方になぜ中之嶽神社に来たのかを訪ねるとこう答えたそうである。

「ここの先代の宮司が夢に現れて、来いと言ったんだよ」

先代の宮司から直々のご指名では大変でも仕方がない。

奥利根

白目を剝く女

山岳県として名高い群馬県、中でも谷川岳を有するみなかみ町には秘境と呼ぶに相応《ふさわ》しい大自然がある。その大自然の中にまさに野生の鉄人と言えるような人物がいた。その名は高柳盛芳さん。通称モリさんと呼ばれ、奥利根の山々を鬼神の如く駆け抜ける。百九十キロの大熊を三年間にわたる執念の捜索で一人で仕留める心技体揃った最強猟師なのだ。しかしその最強猟師が思い出しても身震いする出来事があった。

*

奥利根を知り尽くしたモリさんの下には取材をはじめとして多くの人たちが訪れる。ガイドとしてこれほど頼もしい人はいないからだ。これはそんなモリさんが或る新聞社の取材に協力した時の話である。

「あれは三十年くらい前だなあ。釣りの取材で女性の記者と奥利根でキャンプをしたんですよ。確か五月の中頃で雪はもうなかったなあ」

大手新聞社が発行する冊子の企画で秘境の釣りがテーマである。遥々《はるばる》大阪支社からやって来た女性記者とモリさんは意気揚々と奥利根へ向かう。まずは舟を使い矢木沢ダムを縦断、これが秘境への最短ルートとなる。目指すコツナギ沢のほうへ入ると後は歩きだ。そこから気持ちの良い沢沿いの森をしばらくトレッキングしてシロビ沢との合流地点に到着した。

野営地には絶好のポイントで早速テントを張ると、早めの昼食と取り釣行を開始した。素晴らしい状況の中でイワナも活発でなかなかの釣果である。見せてもらった冊子には嬉しそうにイワナを釣り上げる女性記者の姿が掲載されていた。

「釣りは少し早めに切り上げて夕方の五時にはテントサイトに戻りましたね。それで夕食の準備ですよ」

秘境で釣ったイワナと旬の山菜をメインにモリさんが腕によりをかけた夕食である。これほどのご馳走は滅多に食べられないだろう。焚き火を囲んでの楽しい夕食だが、五月半ばの山の中はかなり寒かった。

「寒いからもうテントに入ろうってことで八時には寝たんです」

寝るといっても八時過ぎ。当然寝られず寝袋にくるまって何やかやと話をしていた。ふとモリさんは人の声がするのに気がついた。時間はちょうど九時、平日でもあり一日中人の気配すら無かった山中である。しかしはっきりと話し声がする。それは男二人女一人のようだ。

「あれ？　こんな時間に誰か来たみたいですねえ」

「ああ、本当だ。カヌーで来たのかなあ？」

船外機の音はまったく聞こえなかったので手漕ぎのカヌーでやって来た人たちだと判断し

たのだ。彼らの話し声が少し近くなったようにも感じたが、気にせずに寝ることにした。

「少し眠くなってきたんですよ。うとうとってしたらね、何か分からないけど〝シャイン、シャイン〟って聞こえてきたんです。青龍刀って分かりますか、あれがこうぶつかるような擦れ合うような音なんです」

〝シャイン、シャイン〟

謎の音は徐々に迫ってくる。そしてテントの周りを凄い勢いで周りだした。

〝シャイン、シャイン、シャイン、シャイン、シャイン、シャシャシャシャシャシャイーン〟

これはまずいと思った瞬間、モリさんの体は動かなくなった。テントの周りは〝シャイン、シャイン〟の渦巻き状態である。

「テントの外に常夜灯代わりのランタンを立てていたんですよ、ホワイトガソリンのね。それが急に消えたんです。まだ燃料は充分にあるはずなんだけど……」

モリさんは寝袋にかならずライトを入れて寝る習慣があった。何とかそのライトを摑もうと必死に藻掻《もが》くが体が思うようには動かない。それでも何とかライトを手にすると隣で寝ていた女性記者を照らしたが……。

「白目を剝いて口を開けてるんですよ。うわっ、こりゃあまずいと思いましたねえ」

ガイドとして連れてきた人の身の安全を守らなければならない。そこで頭に浮かんだのは旦那寺のお坊さんの言葉だった。

「よいか、山で困難な出来事に遭ったら〝念波観音力《ネンピカンノンリキ》〟と唱えなさい。三回唱えれば大抵のことは収まる、もっと大変な時は七回唱えれば大丈夫だから」

〝シャイン、シャイン〟が渦巻く闇の中でモリさんは〝念波観音力〟を唱える。一回、二回、三回。状況はまったく変わらない。さらに唱え続け、七回目を唱え終えると辺りは元の静寂に包まれた。体の自由も効くようになったモリさんは彼女を急いで揺り起こす。ハッと目を開けた彼女はこう言った。

「何？　今、体の上にのし掛かっていたあれは！」

「いや、それ俺じゃないからね絶対に」

疑いを晴らすべく状況を話すと、彼女も例の〝シャイン、シャイン〟を聞いていたのである。さらに体の上に乗っていたモノについても思い出した。

「何が乗ってた？」

「狸！」

「狸？」

「凄く大きな狸が上からのし掛かって太い尻尾で首を絞めてきたの」

「狸……」

しばらくしてモリさんはテントから出ると辺りをくまなく調べたが、特に変わった様子はない。近くまで来たはずの男女三人の気配もなかった。

「ランタンを見たらやっぱり燃料はたっぷりあって、すぐに火が点きました」

取材そのものは何とか無事に終了し、大阪へ女性記者は帰った。その後彼女から来たお礼

の手紙には、

〝モリさんも奥利根のモノノケには充分注意してください〟

の一文が添えられていたのである。

奥利根

彷徨えるテント

渇水期のダムは水位が下がり、それまで隠れていたさまざまな物が顔を出す。大きな物では橋や役場の建物、小さな物では捨てられた車や自転車が泥まみれでダムの底から久々に姿を見せ、かつての人々の営みを鮮やかに蘇らせる。己の存在を誇示するかのように……。

これは大狸が女性記者の上にのし掛かった翌年の出来事である。

「ダムの水が少ない時に何となく眺めていたらテントがあったんですよ」

真夏の渇水期、ダム底でキャンプをする変人はいない。しかし綺麗に張られた状態のテントにはフライシートもそのままだ。気になったモリさんは湖底に下りてテントを調べた。

「水の中にあった割には綺麗でね、一流のメーカー品だったからこりゃラッキーって拾って帰ったんですよ」

家に持ち帰り、丁寧に水洗いして乾燥すると新品同様に見える。水の中にあったにしてはあまり汚れていないテントにほとんど疑問は感じず、そのまま棚にしまい込んだ。

それから三か月近くが過ぎ、テントの出番がやって来た。

「十月の二十五、六日辺りだったかなあ。長い付き合いのカメラマンを奥利根へ案内したんですよ」

奥利根の風景写真を撮り続けているベテランのカメラマンは、いつもモリさんのボートで現場へと向かうのだ。湖岸に彼を降ろすとモリさんは帰路に着き、三日ほどで再び迎えに行く。これが長年の行動パターンである。

「その時は一日早く彼がテントを張っている場所へ行ったんですよ。ちょうど時期だしキノコ採って喰わせてやろうと思ってね」

明るいうちに現場へ着くと、モリさんはテントの周りでキノコを集める。山の達人にとっては容易《たやす》い材料集めだ。そして手に入れたキノコで特製のキノコ汁を仕込むとカメラマンの帰りを待っていた。しばらくして山から下りてきたカメラマンは一日早いモリさんの出現に驚いたが、温かなキノコ汁に大層喜んだのである。

楽しい夕食を終える頃には山の中はかなり冷え込んできた。そこで早めに寝ることにしたが、この時モリさんが張ったのは例のテントである。

「ローソクランタンを点けて寝たんですよ。狭いテントだからローソク一本でも結構暖かいから。あれはねえいつかなあ、九時半くらいだったかなあ」

ザックの上に伏せるように寝ているモリさんの首筋を何かが押さえつけた。それは大きな手のような感じである。

「かなり大きな手だよね。こう後ろから摑まれて喉のほうまで指先が回ったんだから」

凄い力で押さえ込まれ、まずい状態だと察知したがどうしようもない。

「そうしたら今度は背中をビターンって叩かれたんですよ。引っ掻くようにも動くんです」

こうなったらあれしかない。

〝念波観音力〟

モリさんは必死で唱える。一回、二回、三回、駄目だ。そして七回目を唱え終えると、首筋の大きな手は離れて体は自由になった。あまりのことにしばし呆然としたが、テントから出ると辺りを確認する。もちろん何事もない。しかしとても自身のテントに戻ることが出来ず、結局カメラマンのテントに無理矢理入り込んで朝を迎えたのである。

次の日、午前中に撮影を終えたカメラマン共々奥利根を後にしたモリさんは、なるべく平静を装い帰宅した。

「家の者にはあの出来事は話しませんでした。いや話せなかったんですよね、あんな出来事は……」

あまりに恐ろしい体験はとても人に話せるものではなかったのである。我が家で人心地着くと、モリさんは当時中学一年生だった息子と一緒に風呂に入った。温かな湯船に浸かりほっとしたのもつかの間、息子がこう言った。

「その背中はどうしたの？」

「背中？」

洗面台の鏡で確認すると背中に青いアザのようなものが見えた。

「手の跡なんですよ。それがはっきりと指の一本一本まで残っていたんです」

この時以来、モリさんは角《つの》大師の姿が刻印されたお守りを肌身離さずに付けるようになる。そのお陰か二度と恐ろしい目に遭うことは無かったという。見せてもらった金属製のお守りは少しすり減っていた。

さて例のテントだが、この後、知り合いの手へと渡っていく。そして二度目の使用中、その人はテントの中で急病になり、生死の境を彷徨《さまよ》ったそうだ。それからどうしたのだろうか？　あまりに怖すぎるテントは。

「また誰かが貰っていったらしいけど、もう三十年も前の話だからねえ」

何と処分もされずに誰かの物となっていた。実に不思議なテントである。ひょっとしたら今もまだどこかに存在するのではないかと思われて仕方がない。

＊

モリさんの友達が三人で裏越後沢に釣りに行った時のことだ。沢の上流部でテントを張り、軽く一杯やって寝袋にくるまった。沢の音を聞きながら山の話や釣りの話をする。これもまた楽しい時間である。

「あれ？　誰か上がってきたか？」

一人が呟いた。

〝バシャッバシャッバシャッ〟

全員が聞き耳を立てると確かに水の流れる音とは明らかに違う音が聞こえてきた。沢の中を誰かが歩いているようだった。その音はテントの近くで沢から上がると今度はテントへ向かってくる。

〝ザクッザクッザクッ〟

音が止まったのはテントのすぐ横、男たちは身を固くする。いったい誰がこんな時間に沢を登ってきたのかと。

「すいません、すいません」

聞こえてきたのは若い女性の声だ。

「濡れて寒いんで中に入れてもらえませんか」

三人は薄暗闇の中で顔を付き合わせた。

「どうする?」

「しかたねーだろよ」

一人がテントの外にいるはずの女性に声をかけた。

「どーぞ、入っていいよ」

もちろん誰も入っては来ない。全員で恐る恐るテントの周りを確認したが、足跡一つ無かった。震え上がった男たちは、急いでテントを撤収するとその場から逃げ出したのである。

奥利根

なぜそんな所にいるの？

みなかみ町最奥の藤原地区には奥利根三湖と呼ばれる藤原湖がある。ダム建設に伴い百五十九戸もの家々が水没した。そんなかつての中心地で生まれた方に話を聞いた。

「集落の上のほうにスキー場があるんですよ。そこの駐車場で除雪作業をしていた人は変なモノ見た言うとりましたなあ」

除雪はお客さんが来る朝までに済ませる必要があり、夜を徹しての作業となる。初めてこの作業に加わったAさんは、スキー場周辺の道路の除雪を終えると駐車場へとホイールローダーを進めた。広い駐車場で除雪を進めていると降りしきる雪の中に何かが見えた。

「うわあっ！」

驚いたAさんはブレーキを踏む。ホイールローダーのライトに浮かび上がったのは人の姿だった。

「何だよ、こんな所で何をやってるんだあ！　あぶねえじゃねーかよ」

驚くと同時に怒りが込み上げてきたが、ホイールローダーの前に佇む男は無表情で実に不気味である。何よりもその格好がAさんを震え上がらせた。真冬で大雪が降る真夜中、その男は浴衣《ゆかた》一枚で佇んでいたのだ。

「そこはね駐車場の隅っこで桜の木と古いお墓がある所なんですよ。この話は集落の人は誰でも知っているんじゃないでしょうか」

ちなみにAさんはそれからも除雪作業を請け負ったが、その駐車場だけはほかの人に任せたそうである。

＊

みなかみ町は昔から猟師の多い地域で、名うての熊撃ちを輩出している。新潟県境へと広がる日本有数の山岳地帯は熊の宝庫であり、豪雪地帯としても有名だ。

藤原地区にも多くの熊撃ちがいたが、その中であまり熱心に山へ入らない男がいた。猟欲が薄いというのか、猟仲間が嬉々として熊を追うのを白けた目で見ている少し変わった猟師である。

或る年の春のことだ。その男が大して期待もせずに山へと入ると、いつものようにぶらりぶらりとブナ林の中を歩いていた。堅雪の上を歩きながらかすかに芽吹いたブナを見るのが嬉しい。少しずつ暖かくなる風が頬を撫でて楽しい。別に獲物が無くとも山に入れば十分に満足できる、そんな男である。

「あれ？」

男の視線に黒いモノが入った。もぞもぞとゆっくり動くのは間違いなく熊だった。恐らく穴から出て間がないのだろう、動きが鈍い。しかし距離がある。

「少し遠いなあ。まあ撃つだけ撃つか」

少しでも近づいて何とか仕留めようなどという考えは浮かばない。先に述べたように猟欲が薄いからだ。

〝パンッ！〟

乾いた銃声が辺りにこだまする中、黒い塊はゴロゴロと転げ落ちる。かなりの大物だった。この熊からは大きな弁当箱くらいの胆嚢《たんのう》が採れたのである。まさに一攫千金の出来事に男の考え方ががらりと変わった。

〝熊は捕れば捕るほど金になる〟

大金を手にして男の猟欲がむき出しになったのである。

そして、その年の初冬。初雪に山が覆われると男は勇んで熊撃ちへと出かけたのである。そして帰ってはこなかった。数日間は集落の者たちで捜索をしたが、本格的な冬の到来で誰もが生存を諦めたのである。

翌年、春熊猟の季節がやって来た。猟師たちは雪崩《なだれ》に気をつけながら猟場を目指して歩き続ける。堅雪に覆われた谷間を抜けると誰かが叫んだ。

「おい、何だあ、あれは？」

彼が指さしたのはブナの巨木である。二十メートルほど上の枝部に何かが見えた。

「熊か？」

「おい、人じゃねーかあれは！」

確かにそれは人だった。前年に行方不明となったあの猟師の変わり果てた姿だったのである。あまりに高い位置に引っ掛かっていたので誰もが首を傾げた。

「どうやったらあんな所に？」

この件については雪崩で埋もれた遺体が流されて木の上に残されたという理由が付けられた。しかしそこは大雪崩が起きる谷間ではない。とすれば彼は自力で登ったのだろうか。

＊

数年前に町内の大峰山へ沢登りに出かけた人がいた。順調にいけば午後早い時間には戻ってくるはずだったが一向に帰ってこない。駐車場には車が残されたままだ。翌日には捜索隊が編成され、彼が登ったであろう沢筋に沿って隈なく探すがなかなか見つからない。最奥の滝まで辿り着くと、そこに彼はいた。裸で滝つぼの中に沈んでいたのである。靴も衣服も綺麗に揃えてあり、いったいここで何があったのかと捜索隊の人たちは不思議に思ったそうである。

越後・魚沼

蛇が飛ぶ跳ぶ

新潟県南魚沼《うおぬま》市の六日町地区は日本有数の豪雪地帯である。八海山を筆頭に大きな山塊が東部にデンと構える。厳しい自然環境の中で人は山と共に生きる技術を身に付けてきた。特に山間部は四メートルを超える雪に埋もれながらひたすら春を待つ、以前はそれが当たり前の生活だった。

*

日本各地にいったいどれくらいの蛇が生息しているのか定かではないが、山へ入る人ほど蛇に遭遇する確率は高くなるようだ。もちろん山里でも田んぼや畑、家のそばで蛇を見かけることは珍しくないから山人は蛇には慣れっこのはずである。しかしその山人が明らかに尋常ではないと感じる蛇も山中には多くいるのだ。

南魚沼の中心部を流れる魚野《うおの》川、そこに注ぐ登川《のぼり》の源流域は朝日岳に広がっている。下流域から見るとほぼ一直線に朝日岳へ向かう川筋が特徴的だ。最奥の清水地区で民宿を営む小野塚和彦さんの話。

「この辺りは猟場に住んでいるような環境なんですよ。家のすぐそばに熊が来ますからね。蛇ですか、そういえばマイタケ採りに行ったら面白い蛇がいましたよ」

早生《わせ》のマイタケを採りに山へ入った小野塚さんは下山中に奇妙な蛇に出くわした。背中は黄緑色で腹側はクリーム色、見たこともない蛇である。蛇を見慣れた小野塚さんでも名前が分からない。

「それが地面から飛んできたんです」

「飛んできた？　跳びついてきたんですね」

「違うんですよ、しゅわーんって飛んできたんです、一直線で」

その黄緑色の蛇はまるでロケットのように小野塚さん目がけて飛んでくる。危険を感じた小野塚さんはたまたま手に持っていた棒で叩き落として事なきを得た。

*

魚野川に近い下原地区に住む桑原洋子さんが出会ったのは跳ぶ蛇である。杉林の中へ笹の葉を採りに入ると、藪の中をガサガサと何かが動く音がした。

「何がいるんだろう、まさか熊じゃねーべなって見ていたんですよ。そうしたら藪の中から兎が跳び出てきたんです」

兎そのものは別段珍しくはないが、驚いたのはそれを追う蛇の姿だった。

「兎は白かったからまだ冬毛だったねえ、それがぴょんぴょん跳んでたの。その後を蛇がやっぱりぴょんぴょん跳んで追いかけるの、こう尻尾で立ってね」

「立って？」

「そう立ち上がって跳んで追いかけるんですよ。杉の木のあいだを上手く跳ぶの、あんなのは初めて見ました。長い蛇でしたね」

一直線で飛んできたり立ち上がって跳んできたりと、この辺りの蛇は実にアクティブである。しかし中には少し無精な蛇もいるようだ。

＊

六日町地区で飲食店を経営する目黒達郎さんは渓流釣りが好きで、かなり奥山まで釣行に出かける。尺どころか六十センチにもなろうかという大物が潜む、釣り師垂涎の沢がフィールドだ。

「三国川《さぐり》の一番奥まで釣りに行った時ですね。歩いていたら前にこんな太いマムシがいたんです」

目黒さんが手で示したのは直径が十センチ以上はあるだろうか。

「それがマムシですか？」

「模様が完全にマムシなんですよ。ビール瓶より太かった」

ヤマカガシは地域によってかなり配色が違うらしいが、マムシはほぼ一定で分かりやすい蛇である。しかしビール瓶より太いマムシとは驚きだ。

「それが頭は草の中で見えないんですよ。尻尾は見えるんですが、それをピンと持ち上げてブルブル振るんです」

ガラガラヘビと同じように威嚇しているのだ。山の民にとってマムシは嬉しい存在だ。マムシ酒や囲炉裏《いろり》でカリカリに焼いて酒のつまみにと利用価値が高い。見つけると喜んですぐに捕まえるのが普通である。しかしこの時のマムシは尋常ではなかった。さすがの目黒さんも回り込んで近寄らないようにして下山したそうである。

越後・魚沼

奇妙な人？たち

山の中で得体の知れない音が聞こえるのはよくあることだ。山怪話の定番とも言えるだろう。目黒さんも不思議な音に遭遇したことがある。

「八海山系の沢で釣りをしていたんですよ。夕方近い時間帯で、そろそろ帰ろうかなと考えながら釣っていました」

川の中で竿を振っていると、対岸のほうから音が聞こえてきた。

〝ガサガサガサガサ〟

どうやら下のほうから誰かが藪漕ぎをしているようだ。段々近づいてくる気配に目黒さんは思わず声をかける。

「おい、誰かいるのか」

しかし返事は無く、

〝ガサガサガサガサ〟

じっと対岸の藪を見つめるが、どこにも何も見当たらないのだ。

「音だけなんですよ。それが目の前の藪を登っていきました」

目黒さんはこの音の正体を動物だと思うことにしている。本来動物の動きと人間の藪漕ぎはかなり違い、ベテランの山人が間違うことはほとんど無い。

＊

登川の上流部、清水の集落の上に小さな堰《せき》がある。堰の下は池のようになっていて、そこに大きなイワナがよく泳いでいるそうだ。

「林道を通って奥へ行く途中でその堰が見える場所があるんです。そこから魚がいるかどうか確認していた時ですね、あり得ない光景を見ました」

グーグルアースで調べると、確かに清水集落のどん詰まりから少し登った所に堰がある。その堰堤《えんてい》に二人の若い女性がバイクに乗ってやって来た。あまり若い女性が訪れる場所ではない。釣りでもするのかなと目黒さんが双眼鏡で見ていると……。

「その二人、裸になってそこで泳ぎ始めたんですよ。びっくりしましたね。そこは近所の爺ちゃんが落ちて死んだ所で、地元の人は誰も泳ぎはしませんからねえ」

驚いたのにはもう一つ理由があった。水温である。

「真夏でも冷たいんです。裸足で入るのも躊躇うくらいに凄く冷たいんですよ水が。とても泳げるような所じゃないから、あれは何だったんでしょうねえ。あり得ない光景でした」

越後・魚沼

異獣

豪雪地帯の状況を伝える鈴木牧之《ぼくし》の『北越雪譜』には異獣と呼称される謎の生物が出てくる。大きな体で二足歩行する異獣は気は優しくて力持ち、どちらかというと怖い存在ではないようだ。その異獣らしき生物を見た人がいる。

「八海山スキー場の近くでしたね。大きさですか？　人間よりは大きくて黒っぽかった」

話をしてくれたのは南魚沼市の市会議員でありガイドでもある永井拓三さんだ。永井さんはバックカントリースキーのお客さんを連れて山々を巡っている。当人もバックカントリースキー愛好家であり、まだ誰も滑ったことのない場所にシュプールを描くことが喜びでもある。そんな永井さんが初滑降のエリアを見つけた時のことだ。記録にも無く、自分が滑ればまさにパイオニアとなる場所である。

「ハシラギ沢っていう場所なんですよ。ほらあそこに見えるのが八海山スキー場で、その右側に白く細長い所が見えるでしょ」

示されたほうへ目を向けると、狭い谷間にほぼ一直線でまさに柱のような雪の斜面が見える。スキー場とは明らかに違う様相だ。あそこを滑ろうと思う人がいるのかと驚く。

「ちょうど二年前の三月初めでしたねえ。結構雪はあったんですよ。雪渓の一番上まで行く途中で何かが見えたんです」

深い雪に埋もれた谷間を滑るためには当然山頂まで歩かねばならない。永井さんは仲間と稜線を目指して登り始めた。まだ誰も滑り下りたことのない未知の場所から見える景色はどれほどのものか、永井さんはワクワクしながら急な稜線を登る。息を切らしながらふと前を見て驚いた。

「足跡があったんですよ。それがずーっと続いているんです。あれ？　誰か先に入ったのかと思いましたね」

自分たちよりも先に稜線を目指す人間がいる。しかし山菜の時期でもなく、本来この場所は誰かが目的を持って入る場所ではない。もしもいるとすれば同好の士以外には考えられないのである。双眼鏡を取り出して雪渓を確認したが、誰かが滑り下りた形跡は見当たらない。とすれば我々のすぐ前を歩いているのか？

「前日に調べに来た仲間の足跡かとも思ったんですがツボ足なんです、それ。仲間はスキーを履いていたんで明らかに違う」

まさか自分の目の前で折角見つけた新天地を先取りされるのかと不安が募るが、ここまで来たら行くしかない。最初は謎の足跡を追うように登っていたが、途中でコースが別れた。

「我々は東寄りに登っていくんですが、その足跡は西寄りに続いているんですよ。そちらからも行けないことはないけどかなり難しいコースで、アイゼンも無しで進むのは考えられないですね」

目の前の足跡は消えたが、謎の人物は反対側から登っているのは間違いがない。気になった永井さんは時折双眼鏡を出すと反対側の斜面に目をやった。するとそこに黒い影が動き回っているではないか。標高は一三〇〇メートル近いはずの場所を自由に動き回るその何かは人よりは大きいようだった。

「誰だろうね？　まさか滑ろうとしてないよね」

永井さんは仲間とその何かの様子を探るがはっきりと確認できない。ただ熊でないことは確かで、二足歩行の生き物には違いなかった。どうしても気になる永井さんは、その何かに何度か声をかける。

「呼びかけると止まるんですよ。そしてこっちを伺うんですね。返事は無いんだけど明らかな反応はありました」

しばらく互いが意識をしあう登山が続く。ふと気がつくとその何かの姿が見えなくなった。どこに行ったのかと辺りを探していると、その何かはいきなり頂上付近から姿を現す。

「驚きましたね。どこを通ったらいきなりあそこへ出るんだろうって。ひょっとして凄い技術の持ち主かも知れないと思いましたよ」

斜度は五十度以上のカチカチに凍った雪の上で、いとも簡単に移動するその何かに永井さんたちは驚愕する。アイゼンも付けずストックさえ持たずに闊歩するその何かの正体は分からなかった。

「しばらくして麓の神社で宮司さんと話をしてたら、〝それは山の神か異獣ではないか〟って言うんですよ」

異獣、『北越雪譜』に登場するあのＵＭＡ（未確認動物）である。二百年ほど前に書かれた書物に載る異獣、それがなお越後の山を歩き回っているようだ。南魚沼地区には雪男という名称の酒があり、ラベルに描かれた姿が異獣だ。黒くて二足歩行、大きな目で何とも可愛い姿は決して恐ろしい存在ではない。

越後・魚沼

あなたはどなた

異獣に遭遇した永井さんは別の不思議な何かにも出くわしている。

「八海山スキー場の反対側は北斜面で雪質が良いんですよ。三年前でしたかねえ、お客さんを連れていったことがあるんです」

十人ほどのお客さんにガイドが三人付いてのバックカントリースキーである。急斜面を滑り降りて緩斜面へ入り、林道をショートカットしながら大倉の集落へと向かうコースは非常に気持ちがよかった。ガイドたちはお客さんの状況と周りを確認しつつ一緒に滑り降りていた。標高が下がり杉林が見えてくるとゴールは近い。

「ガイドはお客さんを挟むようにして一緒に降りるんです。私が中ほどで最後に来るガイドを待っていたら、誰かが降りてきたんです」

杉林の中をすーっと目の前に現れたのは女性だった。お客さんは全員先に降りたのを確認していたから関係者ではないのは確かだった。

「何か変なんですよ、その人。年は六十歳以上ですかねえ、それ自体は珍しくないでしょうけど、格好なんですよ気になったのは」

白いスキーブーツを履き細いゴーグルを付けた女性はナップザックを背負っている。ナップザックはヒモで肩に掛けるタイプで今時見かけない仕様だった。

「感じは一九七〇年代ですね。明らかに現代の格好ではないんですよその人。滑り方はまあお世辞にも上手いとは言えなくて。どこから来たんだろうと思いました」

見た目の違和感はかなりのものだった。しかし最も奇妙に感じたのは目の前を通り過ぎる時のことだ。

「普通、山で人に会うと挨拶をするでしょう。〝こんにちは〟とか会釈程度はあるじゃないですか。でもね、その人まったくこっちを見ないんですよ」

永井さんに一瞥《いちべつ》もくれず、その女性は大倉の集落方向へと降りていった。気になった永井さんは無線を取ると最後尾にいるスタッフに連絡を入れる。

「どこか途中から合流したんだろうと思ったんですよ。我々の後を付いて降りたとは思えなかったんです。かなりの急斜面ですから、上級者じゃないと無理ですからね。あの滑り方では不可能なんですよ」

身のこなし方からしても決して技術は優れていない。自分たちと同じ場所を降りたはずがないと考えたのだ。しかし最後尾のスタッフの返答に驚く。

「待機していたスタッフの後ろから来て、そのまま降りていったって言うんです。我々と同じルートを通ったとしか思えないけど信じられません」

上級者向けの斜面をたった一人であの技術で降りるとは到底考えられないことなのだ。

越後・魚沼

肖像画

永井さんは谷川岳で不思議な体験をしている。それは学生時代のことだ。

「大学の山仲間とキャンプをしていたんですよ。一ノ倉沢の蛇岩（蛇紋岩）のある場所でしたね」

夜中のことだ。一人の女子学生がテントの外から声をかけてきた。

「すいません、Aさんがいないんです」

「えっ、誰かいなくなったの？」

永井さんたち男子学生がテントの外へ出ると、女子が集まって不安げな表情で佇んでいた。

「花摘みじゃないのか？」

人のいる場所をしばし離れる理由の最たるものは生理現象である。

「たぶん違うと思う。随分前にテントを出ていったから」

詳しく話を聞くと、Aさんがいなくなってかれこれ小一時間が過ぎようとしていた。

「本当か、おい迷ったんじゃないだろな」

真っ暗闇の中でいったん目標を見失ってあらぬ方向に進むと危険である。ましてやここは一ノ倉沢だ。

「とにかく周りを探そう。何か手がかりがあるかも知れないからな」

皆で暗闇に向かってAさんの名前を叫ぶが返答は無い。闇雲に探して歩く訳にもいかず、歯がゆい思いをしながら時間だけが過ぎていった。

「明るくなってから探すしかないか……」

声の届く範囲にいれば、それを頼りに動くことも出来るが、無理は禁物だ。夜中の捜索を諦めかけたその時、

〝ザクザクッ〟

「あれ？　足音だ」

皆が耳を澄ますと暗闇から誰かが近づいてくるのが分かった。

「おい、Aじゃないか。どこに行ってたんだよ！」

闇から姿を現したAさんに安堵しながらも、少し腹立たしい思いも湧き上がる。

「花摘みか？　随分長いな。迷ったのか？」

「えっ？　迷ってなんかないよ。呼ばれたんだよ、私」

「呼ばれたって誰に？　ここには俺たちしかいないよ」

「男の人がね、絵を描いてくれって言うから」

皆は顔を見合わせた。自分たちしかいない場所で、いったい誰が呼んだというのか。Aさんの話はこうである。テントの中で寝ていると、自分を呼ぶ声が聞こえた。最初は空耳かと

も思ったが、間違いなく自分を呼んでいる。その声は若い男のようだった。そこでAさんは何の疑問を感じることもなくテントを出ると、闇の中へと進んでいった。

半信半疑で話を聞いていた仲間は、彼女が手にしている物に気がついた。スケッチブックである。彼女は暗闇にスケッチブックとペンのみを持って入っていたのだ。中を見るのは若干躊躇われたが、広げてみるとそこには正面を見つめる若い男の顔が描いてあった。

「この人か？」

「そうこの人が描いてくれって」

誰もが恐怖を感じて、それ以上は話をすることが出来なかったのである。

翌朝、落ち着きを取り戻した仲間たちはAさんに昨夜の話を詳しく聞き、肖像画を描いた場所へ向かった。

「ここか？」

Aさんが示す岩の近くには一枚のプレートが設置してあった。それは十九歳で遭難死した息子を思い、両親が慟哭《どうこく》の心情を綴った記念碑である。まさにこの前にAさんは導かれ、そして青年の肖像画を描いていたのだった。

＊

南魚沼の山々は霊山でもある。八海山や巻機山《まきはた》は修験者が修行をする山なのだ。その中のキャンプ場で地元の或るガイドが野営をしていた時の出来事だ。

「テン場には確か自分一人でしたね。夜中に足音が聞こえてきたんですよ。それが私のテントの前で止まったんです」

〝ザクザクザクッ〟

聞こえてきた足音が自分のテントの前でぴたりと止まる。彼は起き上がって薄いテント地の外へ意識を向けた。闇の中でしんとした空気は重く沈む。誰かがそこにいるのは確実だ。思い切って声をかけるが返事は無い。

「怖かったけどそのままに出来ないから入り口を開けたんですよ。誰もいないんです。ああ。やっちまったかなあと思いました」

〝やっちまった〟

彼が特段何かまずいことをした訳ではない。しかし言い得て妙な表現である。しばらく暗いテントの中で身を固くしていると、

〝ザクザクザクッ〟

足音が今度はテントから遠ざかるのが分かった。

*

世界有数の豪雪地帯で古くから人が住むこの地域では、雪との戦いが常であった。しかし人知を超えた災害にはやはり為《な》す術《すべ》もない。集落が壊滅するほどの雪崩に襲われた或る地区では、今でも車中泊を控えたほうがよいと忠告を受けるそうだ。その地区は、夜中に大雪崩

に巻き込まれ、百人以上の夫人や子供が絶命するという大惨事の現場である。そこの道の駅で車中泊をしていると夜半にふと目が覚める。何気なく外を見ると、夜中にも関わらず大勢の人の姿があるではないか。こんな時間にツアーバスでも着いたのかとよく見るが、何か変なのだ。とても現代の人とは思えない粗末な着物姿の人たちが彷徨っているではないか。大雪崩で寝ているあいだに亡くなった人々の魂が自分の家を探して歩いているのかも知れない。

信州・戸隠

テントの中と外

薄い布一枚で自分の居場所を確保し、安心できる空間を作り出すのがテントだ。しかし所詮は薄い布一枚。ほとんど山の中に体を投げ出すのと実は大差ないのかも知れない。

長野県の戸隠山《とがくしやま》で山岳遭難救助隊隊長を勤める吉本照久さんの話。

「四十年くらい前ですねえ。夏場、甲斐駒ヶ岳に登ったんですよ。黒戸尾根を登って岩小屋に泊まろうかと思ってたんですが、夏だから混んでてねえ。仕方がないから岩場の取っ付き辺りにツェルトを張ったんですよ」

少し広めの場所に簡易テントを設営して仲間と二人でビバーク（不時露営）することにした。山の夜は長い。二人でいつものように取り留めのない話をしていると、テントの外から声をかけられた。

「すいません。中に入れてもらえませんか」

小屋がいっぱいできっと困っているのだろうと思った吉本さんは、迷うことなく返答した。

「どーぞどーぞ、入ってください」

招き入れた男は申し訳なさそうに狭いテントに入ってきた。彼は黄色いカッパに赤いヘルメットを脱ぐとほっとした表情になり、お礼を言った。

「それから酒盛りが始まったんですよ。まあ酒盛りって言ってもね、ご馳走はないけどね」

高所での酒は酔いが回る。疲れた体に酒を染み込ませた三人の男は心地良く寝てしまった。

「これはね、夢なんですよ」

「はっ？　夢？　夢の話ですか」

ノートにペンを走らせていた手が止まった。夢の話では仕方がない。無駄な時間だったかとノートを閉じかけたが、吉本さんの話は続いた。

「朝起きたらその人はいなかったんですよ」

（はあ、夢だった訳だからそうでしょうねえ）

しばらくして寝袋から起き上がった友達は何も話さない。何か様子がおかしい。

「どうした、調子が悪いのか？」

「いや、夕べな変な夢を見たからな、それでよ……」

夢、吉本さんは一瞬体が震えた。友達が見た夢はこうだった。

〝夜中に男がテントに入れてくれとやって来て、三人で酒盛りをしたが、朝になったらその男はいなかった〟

狭いテントの中で出発の準備をすれば誰だって気がつくはずなのに、いつの間にか男はいなくなっていた。そして三人で酒盛りをした形跡もなかった。二人が見た夢はまったく同じである。

「お前よう、その男どんな格好で入ってきたか覚えてるかい？」

「えっ？　あーあれは赤いヘルメット被ってたなあ。あと上は黄色いカッパ着てたよ」

二人は顔を見合わせる。

「今日はもう登るのやめような」

早々に二人は山を下りたのである。

＊

戸隠で宿泊施設を営む佐々木常念さんの話。

「あんまり不思議なことは無いですねえ。う〜ん、声は聞いたことがあるかなあ」

それは仲間二人と或る高山に登った時のことだ。

「九月の終わり頃でしたねえ確か。平日だし人もいなかったから五合目の駐車場の端にテントを張ったんですよ」

天気も良くないせいか誰も駐車場には入ってこない独占状態である。テントの中では気心の知れた仲間と簡単な夕飯を作り始めた。

「いつも鍋なんですよ。大袈裟な物ではなく簡単な鍋料理を作って食べようとしていたんです」

テントの中に二人と一人が向かい合うように座って、出来たての料理を食べようとした瞬間である。

「〝うわあああぁーっ〟って凄い女の人の悲鳴が聞こえてきたんです」

物凄い絶叫は常念さんの背後から襲いかかった。あまりの凄さに常念さんは手にしていた料理をほとんどこぼしてしまったほどだ。隣の友人も声を上げて驚いた。

「な、何だよ、今のは！」

「女の人だよな」

テント越しに背中を直撃した絶叫はあまりに強烈だった。しかし目の前に座るもう一人の友人はきょとんとしているではないか。

「何？　どうしたの。何が女の人なんだ」

彼には何も聞こえていなかったのだ。こぼれた料理を拭きながら、常念さんはまだ心臓がドキドキするのが分かった。

「聞こえなかったのか、今のが。おい嘘だろう」

「いや何も聞こえんぞ。風の音じゃないのかよ」

「あんな風の音がある訳ないよ」

言い争っても埒《らち》はあかない。気を取り直して夕食を再開するとさっさと寝ることにした。

「それがね、すぐに寝ちゃったんですよ。私ともう一人の声を聞いた友達は」

寝袋に入ってしばらくはいろいろ話をするのが野営の常だが、なぜかこの時二人はすぐに眠ってしまった。そして朝を迎えたが、声を聞かなかった友達の顔色が冴えない。

「彼はまったく寝られなかったって言うんですよ。一晩中女の人の叫び声が聞こえて恐ろしくてどうしようもなかったって」

しかしテント中に響く絶叫は寝込んだ二人にはまったく聞こえていない。彼はよほど二人を起こそうかとも思ったが、最前〝そんなもの聞こえない〟と言った手前それも躊躇われた。結局一睡も出来ずに朝を迎えたのである。

「最初に聞いた二人には夜中の声は聞こえずに、最初に聞こえなかった人は一晩中聞こえたんですか。はあ、それで次の日登山はやめたんですか？」

「いや、凄く良い天気だったんでそのまま登りましたよ」

恐ろしい出来事ではあったが、直接登山とは関係がないということらしい。

＊

「ああ、そういえば北アルプスの或る山小屋では変な人を見ましたよ。夜、目が覚めてトイレに向かったんです。そうしたら途中で男の人とすれ違ったんですが、その人スーツを着ているんですよ。はあこんな所でもスーツを着る人がいるんだなあって感心しました」

そして翌朝、山小屋の人との会話で何気なく昨夜の出来事を語ると……。

「あっ、見た？」

どうやらその山小屋では有名な存在だったらしい。いわく因縁《いんねん》はまったく分からないがスーツ男が山好きであることだけは間違いがないようだ。

信州・戸隠

時空のゆがみ

常念さんはスキーインストラクターでもある。毎年、山形県の月山《がっさん》にお客さんを連れてスキーに行くが、その時の出来事だ。

「その時は宿の三階に寝ていたんです。夜中目が覚めて何か聞こえてきたんですよ」

〝ピチャン、ピチャン〟

水琴窟に響くような水音が階下から聞こえてくる。実に不思議だ。真下に水回りは無いはずなのに。

「いやあ何だろうと思ったら目が冴えて眠れないんですよ。そういえば劔《つるぎ》山でも同じようなことがあって、その時もずーっと水の音が下から聞こえるんです。何回も時計を見て時間を確認しました。午前二時から三時の間でしたね」

＊

二〇一九年（令和元年）五月、常念さんは二週間ほど月山に滞在してスキーインストラクターの仕事をしていた。その日は朝から雨模様だったがレッスンは普段通り行われた。

「まあ時期的に雨が降るのは珍しいことじゃないですから。お客さんをリフト乗り場まで送って、いったん駐車場まで下りてきたんですよ。ついでにトイレに寄ったんです」

まだ新しいトイレは非常に綺麗で明るかった。入り口は二重になっていて、入って右側が更衣室、左側がトイレである。常念さんが小用を足していると、

〝カラカラカラ〟

と外側の引き戸が開く音がした。

「ああ、誰か来たなと思いました。それから今度はトイレ側の戸も開く音がしたんです」

〝カラカラカラ〟

誰かが入ってきたが別段振り向きもしない。小用の後、振り返ると誰もいなかった。

「あれ？　おかしいなと思いましたね。誰かが入ってきたのは間違いがないんです。でもいないから個室のほうも見て回りましたよ」

小用ではなく大のほうかと確認したが誰もいない。しかし自分が入る時に閉めた戸は開いたままま、やはり誰かが入ってきたのは確実である。外に出た常念さんは辺りを見渡したが、天気の悪い午前中のことで広い駐車場には人も車も見当たらなかった。

「月山は霊場ですからね。聞くといろいろなことがあるみたいですよね。私はこの程度ですが」

＊

霊場といえば常念さんが宿を営む戸隠地区も古くから修験の場である。常念さんの友達で飲食店オーナーは不思議な体験をしている。それは奥社の宮司が変わった時のことだ。夜になってオーナーが奥社まで挨拶に出向いた。店から奥社までは往復で一時間程度かかる。

「じゃあ宮司さんに会ってくるな」

オーナーが奥さんに告げて車に乗ると闇の中に消えていった。それからしばらくして、聞こえてきたのは聞き覚えのある車のエンジン音だ。玄関を開けて入ってきたのはやはり夫だった。

「あれ？　何か忘れ物かな」

「どうしたの？　何か忘れ物」

「いや、宮司さんといろいろ話してきたよ」

「えっ？」

奥さんは時計に目をやると奇妙な顔をした。

「また、そんなこと言って。まだ十五分も経ってないよ」

「何が？　奥社まで登って宮司さんといろいろ話してきたんだよ」

普段からつまらない冗談を言う人ではない。表情を見てもふざけていないのは明らかだった。

＊

オーナー夫婦には二人の息子さんがいる。長男が学校から帰ってくるのを次男はいつも心待ちにしている。実に仲の良い兄弟だ。

或る日のことである。兄が学校から帰ってくる時間が近づくと弟は二階の窓からカラマツ林の道を眺めていた。向こうから大好きな兄の姿が見えると玄関先へ駆け下りてお迎えをするのが毎日の儀式である。

「まだかな、まだかな」

じっと見つめる森の小道。そこに小さな影が一つ現れた。徐々に大きくなるのは間違いなく兄の姿。弟は喜んで窓越しに大きく手を振った。それに気がついて兄も手を振る。

「お兄ちゃん帰ってきた！」

階段を駆け下りると玄関先へ弟は飛び出した。いつもならばこのタイミングで兄と抱っこ出来るはずだが、今日は違った。

「あれ？　お兄ちゃんがいない」

道に出て辺りを見たが、兄の姿はどこにも無かった。

兄はいつものようにカラマツ林の中を歩きながら家を目指していた。家が近づくと窓から大きく手を振る弟の姿が見えて思わず微笑む。兄も手を振りながら小走りで家へ向かい玄関を開けたが弟の姿は無かった。

「あれ？　おかしいな、どうしたんだろう」

この時二人は確かにいつものように手を振り、いつものように玄関先へと向かった。しかしお互いに顔を合わせることはなかった。弟は兄がどこにもいないので諦めて二階へ上がり、兄は弟がいないので不思議で仕方がなかった。二人の話を聞いた母親は特にいつもと違う行動（兄が隠れたり弟が出迎えに行かなかったり）は無かったと感じている。

「ここら辺り少し時空がゆがむというか、そんな場所なんですかね」

ほかの修験の場でも不思議な空間に紛れ込んだ人の話を聞いたことがある。そのような場所こそ霊場として相応しいのかも知れない。

Ⅱ 静寂の山

北海道・松前半島

熊撃ちの経験

本州側から海峡を挟んで北海道が見える。なぜか人々はこの景色に刺激されるようで、演歌の歌詞によく見受けられる。しかし当然ながら北海道側からも等しく本州は見えるのだ。最も近い松前半島からは津軽半島、下北半島そして岩木山も望むことが出来る。松前半島は古くから多くの和人が入り込み、独特の文化を育んだ地だ。

＊

半島一高い山が大千軒岳（一〇七二メートル）だ。この南東側は長年砂金の採掘が行われてきた極めて珍しい地域である。一説には金鉱脈が火山の噴火で吹き飛び、それが風下に大量に降り注いだ結果、あちらこちらに砂金として残ったらしい。特に福島町の千軒地域では井戸を掘ると砂金が混じることなど珍しくなかった。そのような地域なので古くから多くの和人が山へ入り続け、中には修験者や迫害から逃れてきたキリシタンも紛れ込んだ。非常に興味深い歴史を持つ山で羆《ひぐま》を追う凄腕猟師の道下志朗さんに話を聞いた。

「私の父親が石川県から入植してきたんですよ。まあこの辺りはどこも砂金堀りの穴だらけでねえ、最初は何の穴か分からなかったですねえ」

多いのは穴だけではない。羆もたくさん生息する場所だった。道下さんが地域のためにと狩猟免許を取ったのは四十歳近くになってからで、それからの十年程度で八十頭近くの羆を仕留めている。

「私が十八歳の頃ですね、確か。湯ノ里（知内町《しりうち》）の採石場近くを車で走っていたんですよ」

松前半島の国道はほとんどが海沿いを走っているが、知内町から福島町へ抜ける部分は峠越えの山間部である。仕事の帰り道、車内に六人の男たちが座ってぼんやり外を眺めていた。

「あれっ！　女の人がいるべ」

唐突に一人の男が叫ぶ。

「ほらあそこさ女の人が立ってるべ」

「どこさ？　ああ、ほんとだ。おい乗っけていってやるべさ」

狭い車内ではあるが一人くらい乗り込むのは可能だ。交通の便の悪い田舎では通りすがりの人を乗せるのは珍しいことではない。乗せることで全員一致すると百メートルほど車をバックさせ彼女の所まで戻った。

「その人が立っている所まで戻ったら、そこ橋の上なんですよ」

「橋の上に立っていたんですか、その人は。危ないですね」

「いや、その人がいるのは橋の外側」

「橋の外？」

「空中に浮かんでたんです。全員見てましたよ、ああ、あれあれって」

車内が騒然とする中、空中に浮かんでいた女性の姿はすーっと見えなくなった。

「山の中ではよく人の声が聞こえることはありますね。仲間と二人で山に行った時も人の声が聞こえたんですよ。ああ、誰か来たなと思ったけど、もう一人にはそれが聞こえないっていうんです。間違いなく話し声なんですがね、それが何を言ってるのかは分からない」

＊

道下さんが狩猟を始めたのは比較的遅いほうだ。師匠と呼ぶ人は決して猟について教えなかった。猟のやり方はすべて見せるからそこから自身で学べと言う師匠である。その師匠と二人でタケノコ（根曲がり竹、千島笹）を採りに山へ入った時のことである。

「それぞれタケノコを採り始めたんですよ。集合時間と場所は決めてあるから、それまでは自由に動くんです。そろそろ時間なので集合場所に行ったんですが、師匠が来ないんです」

一人ぽつねんと山の中で待つ道下さん。しばらくするとガサガサと師匠が近づいてきたが、何か顔色が冴えない。

「どうしたの、遅かったね」

「うん……」

「あれ？　リュックさどうしたの？」

リュックを背負っていない師匠に気がつき尋ねると、

「おかしいのさ、置いたはずの所さ、ねえんだよリュックが。いくら探してもよ」

「どこさ置いた？」

「ほらあの下さ白樺《しらかば》見えるべ」

言われてみると少し下方に数本の白樺が見えた。その左から三本目の根元にリュックを置いていたというのである。

「置いた所、間違えたんでねえべか？　本当に三本目か」

師匠はもちろん三本目に置いたと思ってはいるが、念のためそのほかの白樺の根元もすべて探していた。それで集合時間に少し遅れたのである。折角リュック一杯に採ったタケノコだ。もったいないので道下さんも一緒に白樺の周辺で探したが結局見つからず、諦めて山を下りたのである。

「その次の週なんですよ。私の親戚が四人で山菜採りに山へ行って、師匠のリュックを見つけて持って帰ってくれたんです」

「あったんですか？」

「それがあの白樺の木の下なんです。上から見て左から三番目の」

「置いた場所にそのままあった！」

「そうなんです。あれだけ二人で探してどこにも見つからなかったのにね。中のタケノコは全部駄目になってたんですが、ああいうのを狐に化かされたっていうんですかねえ」

本州の狐話ならリュックの中身はすべて笹の葉になっているのだろう。

＊

師匠との不思議な体験はもう一つある。同じく山菜採りで山へ入った時のことだ。

「山菜採りながら歩いていたんですよ。途中から巡視路に出て別の山へ行くことにしたんです」

巡視路とは営林所関係の人たちが管轄する山々を巡るための通路である。山の専門家二人は森を抜けて巡視路へ入り移動しようと考えたのだ。

「登っていく途中に巡視路があるんですが、途中で居場所が分からなくなったんです」

最初の位置からすれば三十分もあれば巡視路に出るはずである。しかし着かない。おかしいと思いながら二人は一度下ってみることにした。

「最初の所まで戻ったんですがやっぱり分からないんですよ。複雑な場所じゃないのに」

顔を見合わせた二人は再度登ることに、そして今度は巡視路に出ることが出来たのである。

「気がつかないような道じゃないんですよ、巡視路は。それなのにね、登り下りで二回も通り過ぎているんです。二人ともまったく気がつかなかった。考えられないことですよね。あれも狐の仕業かなあ」

北海道の北部で以前話を聞いた時には、狐が何かをやらかす類はまったく出てこなかった。やはり本土とは自然や歴史が違うからだと思ったのである。しかし松前半島ではどうやら本州と同じように狐が蠢《うごめ》いているらしい。

北海道・松前半島

松前半島の狐狸

今は廃線となったJR松前線千軒駅の近くに住む笹島善廣さんの話。

「六十年くらい前に奥の飯場さ行ってたんだあ。冬の夕方だったな、山から山へ三十センチくれえの光が飛んでいったんだよ。青くて尾を引いてたなあ。夏も見たよ。少しちいせい光が林から沢渡って別の林に飛んだんだあ。もうびっくりして飯場さあ逃げこんだんだよ」

当時二十歳そこそこの笹島さんが血相を変えて小屋に入り、事の顚末《てんまつ》を話すと、

「そりゃあ火の玉なんかじゃねえって。ヤマドリなんだとよ、ヤマドリが化かすんだと」

ヤマドリの毛が擦れて静電気が溜まり光って見えるというのは各地で聞くが、化かす話は初耳だ。

＊

笹島さんは奥さんと二人でも謎の光を見たことがある。それは三十年ほど前の出来事だ。

「その時は住川のほうで仕事してたんだあ。八時頃に帰ろうとしてたら十メートルくらい先の真っ暗闇の中にぽっぽっぽっぽって光が並んでるんだよ」

地面から一メートル程度の高さで薄ぼんやりとした光が連なっている。電池の切れかけた懐中電灯のように頼りない光はフワフワと連なって進んでいた。

「あれ？　誰か来たのかなあと思ってな、母ちゃんと二人で見てたんだ。ちょうど人が歩くような感じだったからなあ。でもそこは人が入れるような場所じゃねえから、ああいうのが狐の嫁入りっていうんだべか」

飯場周辺で薪《まき》用の木を集めて回っていた時だ。玉切りにした木材を斜面から落とし、それを下でまとめて持ち帰る作業である。最後の木が落ちてきて、それを持って帰ろうとすると……。

「いやあ、後ろでゴロゴロゴロゴロって音がしてよ、あれこっちにもまだ落としてきたかって見たんだよ。どこ探してもねえんだあ、すぐ後ろで音がしたのによ」

山中での謎の光といえば狐火に代表される典型的な出来事、そして謎の音といえば狸の悪戯《いたずら》だ。これは本州では珍しくない現象だが、やはり松前半島でも起こるらしい。厚沢部《あっさぶ》町では山登りに行った人たちが〝ポーン〟という音を聞いている。その後で〝バリバリ〟っと木が倒れる音も聞いたそうだ。これは秋田県の阿仁《あに》山中で狸がやらかす悪戯の代表格である。

＊

知内温泉は北海道で最も古い温泉地として知られる名湯である。現当主の佐藤昌彦さんのお父さんは二度ほど化かされたことがあるらしい。

「その頃は千軒のほうに住んでいたんです。或る晩、親父がいくら待っても帰ってこないので、みんなで探し回ったことがありました」

仕事を終えたら知内温泉からバイクに乗って千軒集落まで帰るのがいつものことである。わずか六キロ程度の道のり、時間にすれば数分だ。しかし父は帰ってこない。そこで探しに行くと道端に止めてあるバイクがすぐ見つかった。

「あれ？　なんでこんな所にバイクがってその周りを探したら親父が寝てるんです、切り株を抱いて。何やってるんだって起こしたら、空を見上げて〝おい、何でおらの家はこんなに星が見えるんだ〟って言うんです」

酒も飲まないでバイクに跨《またが》り、わずか数分で彼の身にいったい何があったのだろうか。

＊

厚沢部町のベテラン猟師加藤政春さんの話。

「おばさんが若い頃、狐に騙されてねえ。この家の前に道があるでしょう。昔は曲がりくねった砂利道で、そこを歩いていたんですよ」

青年団の寄り合いがあって村の女衆は集会所に集まっていた。男衆に出す料理を作るためである。その仕事が済んで家に向かって歩いていたおばさんは頭をごつんと何かにぶつけた。えっと思って顔を上げると、それはカラマツの古木である。

「それが道から外れた畑の横に生えているカラマツなんですよ。とっくに家の前を通り過ぎてるんですよ」

叔母さんはいつもの道を歩いているつもりだったが、頭をぶつけて〝ここどこ？〟と初めて気がついた。なぜ自分がそんな所にいるのかはまったく分からなかったそうだ。

「いやあ、あの原因は後で分かったんですよ。料理作りに行ってたでしょう。その時にテンプラを揚げた油が割烹着に飛び散っていたんです。それで狐にやられたって叔母さんは言ってましたねえ」

＊

同じく厚沢部町の松橋政雄さんは、若い頃から数多くの羆を捕ってきた山の達人である。その松橋さんに釣りの極意を伝授した知り合いが或る日行方不明になった。

「山さ釣りに行ったんだどもけえってこないのさ。八十八歳になる婆様が心配してな、集落の消防団が探しに行ったんだあ」

春先のことであり、冬眠明けの羆も怖い存在である。早めに捜索隊を組織して山を探し始めたが、夕方暗くなりかけた頃に山中でぽつねんとする彼を見つけた。

「いやその人が言うにはよ、大きな魚釣ってなあ、ついでにゼンマイも採ってけえろうとしたんだと。ところが歩いても歩いても着かないんだあ。それで妙なことに気づいたのよ。あれ？　なんでまた同じ木がここにあるんだろうってな」

その人はいわゆるリングワンデリングに陥っていた。といっても目印の無い雪原や藪の中ではない。いつも釣りに入るいつもの山道なのである。そこで同じ所をなぜか三度も歩く羽目になったのだ。

〝これはおかしい〟

周りを見渡しても別段変わった様子は無いが、自分は先へ進むことが出来ないのだ。そこで彼は木の根に腰を下ろすと一服して、どうしたものかと思案を始める。そのうちに自分を探す捜索隊の声が聞こえてきたので、これで助かったと思ったらしい。

＊

松橋さんのお兄さんは若い頃仕事で開拓村へ木材を取りに行った。作業をしていると誰もいないはずの場所でバリバリっと木が倒れる音を聞いている。

「その時、兄は仕事場に弁当を持っていったから、それで狸が騙そうとしたって言ってたなあ。あと〝狸が二匹いるとおっかねーぞ、女の人になって騙すから〟ともよく言われたもんだあ」

悪さをするのは狐ではなく狸だとお兄さんは思っていたらしい。しかし女の人に化けるのは狐の定番のような気もするが、お兄さんはいったいどんな女の人に騙されたのだろうか？

北海道・松前半島

行者と石板

松前町で二代にわたって山仕事に従事してきた人の家に不思議な石がある。何が不思議かというと成長するというのだ。随分前に先祖が及部《およべ》川上流から持ち帰ったという。最初は小さな石だったが徐々に大きくなるので心配になり、行者にその石を見てもらった。

「このままだと家を壊してしまうからお祀りしなければならないと言うんです。それで箱に入れて毎年その行者を呼んでお祀りするようになりました。いやあ最近はその行者も亡くなったんで何もしていませんねえ」

仏壇の横に置かれた箱の中には布でくるまれた石が納められていた。高さは二十センチ程度だろうか。黒くて仏像のようにも見える不思議な石である。

＊

日本各地で山伏・修験者の話を聞く機会は多い。通りすがりの山伏・修験者を家に泊めることも珍しくはない。そのお礼としてお払いや改名のアドバイスを受けた人の話をよく聞いた。明治以降、修験道の禁止令が出されてからも諸国を巡る山伏は一定数いたようである。

一説によると行者・山伏は鉱山との関係が深いという。そのためなのかこの松前半島にも多くの行者が入り込んでいた。つい最近まで山で蠢く彼らの姿が確認されている。福島町の道下志朗さんの話。

「近所に白装束で歩き回る人がいたんですよ。靴も白でね。少し気色の悪い人でしたね。子供なんかは怖がっていました。その人が背中に石板を背負って山へ登るんですよ。大きさですか？　そうですね長さが八十センチくらいあったですかねえ、厚さは五センチ以上はあったでしょうね」

梵字《ぼんじ》や仏様らしい絵が彫られた石板はかなりの重さだろう。その石板を担いで麓から大千軒岳へ頻繁に登る姿を道下さんは忘れられない。白装束の男は石板を大千軒岳のあちらこちらに設置し、同時に多くの鳥居も立てていた。山へ入るとこの前まで何もなかった所に鳥居や石板があるから周囲の人たちは気味が悪くて仕方がない。

「国有林に何で勝手にいろいろな物を置くのかってみんな困ってねえ。でも誰も言えないいんですよ。そうしたら同じ地域に住む人が聞いたんです、〝なぜあんなことをするのか〟って」

〝神様の通り道だからだ〟

白装束の男はそう答えて、その後も次々に山へ石板を持っていった。

「私が山菜採りに山へ入ったんですよ。歩いていくと、前に石板担いだあの人がいたんです」

気持ちの悪い人に会ってしまったなあと思いつつも、道下さんは追い抜きざまに挨拶をした。しかし彼は顔も向けなければ返事をすることもなかった。

「山からの帰り道で凄く驚いたのは、木に大きな鈴がぶら下がっていたことですね」

鈴には紅白のヒモが付きまるで神社のようだ。今まで何も無かった所に妙な物が現れたから、驚くと同時に気持ちが悪いと感じたそうである。

北海道・松前半島

熊穴ホテル

道有林を管理する林務署（現森林室）に長年勤務した松前町の山田一哉さんの話。

「うちの（奥さん）が山で行方不明になったことがあるんですよ。あれは平成八年の六月四日だったなあ」

当時六十歳だったみどりさんは近所の友達数人で大千軒岳方面にタケノコ採りに入山した。昼ご飯を食べて午後の収穫作業に入ったところでみどりさんの姿が見えなくなる。

「電話掛かってきていないぐなったって言うからみんなで探したのよ。でも三日経っても見つからねえで、もう駄目でねかってみんな思ったのよ」

タケノコを採っていたみどりさんは斜面を滑落して沢に転落していた。落ちた時に岩に背中を打ち付け、肋骨が折れてまともに動けない。全身はびしょ濡れで状況は悪かった。すぐそばには小さな滝があり、その横の石の上に誰かが座っているのが見えた。

「誰？　おめさ誰だ」

見覚えのない顔で近所の者でないのは分かった。その見知らぬ若者としばらく世間話をしていたが、気がつくと姿が消えていた。冷え切った体に痛みが走る。このままではいけないと思いながらみどりさんは辺りを見渡した。鬱蒼とした森の中には滝音が響く。ここで声を出しても恐らく誰にも聞こえないだろう。思案に暮れるみどりさんの視界に黒い物が動くのが分かった。熊だ。二頭の親子連れが近くの草のあいだからじっと見ている。その熊の上に穴が見えた。熊の冬眠穴である。その穴に気がついたみどりさんは熊に手を合わせて言った。

「頼む、あれを貸してけれ」

痛む体をゆっくりと動かして熊穴に入り込むあいだ、熊はただじっとその様子を見ていた。六月とはいえ北海道の山の中は冷え込む。真っ暗な穴の中で草の露をすすりながら空腹に耐えるみどりさんの前には多くの人たちが現れた。近所の人や親戚で、どれもとっくに亡くなった人たちばかりだ。彼らは入れ替わり立ち替わり呼びに来る。

〝もうええからこっちさ来い〟

当初は、

〝まだいかねえ〟

と断っていたみどりさんも、三日目になると花畑が周りに広がるようになってくる。

〝いやあ、もう行ってもいいべか〟

と思い始めたまさにその時である。

「おーい、山田のおかーちゃーん、いるかあ！　山田のおかーちゃーん」

すぐ上から大きな声が聞こえてきたのである。

三日間にわたり百人以上の人たちが捜索した結果、みどりさんは無事に見つかった。救助された後に、滝の近くで出会った見知らぬ若者のことを話すと少なからぬ人が驚いた。その姿は二年前に行方不明になった若者と似ていたのである。それからしばらくして、あの滝壺から若者の亡骸が引き上げられた。

「うちのおかあちゃんは見えるし感じるんだよな」

病気のせいで言葉が出にくいみどりさんに変わって一哉さんが話してくれた。

「誰かが家のほうに来るのが見えて何か変だなと思うとその人が亡くなるのさ。畑仕事してても線香の臭いがしてきて、あの家の人だべなと思ったらやっぱり亡くなるんだ」

若い頃からなのでこのような出来事にはみどりさんは慣れている。行方不明の人がどの辺りで事切れているのかも分かるというからかなり凄い。そのような能力がお孫さんに受け継がれているそうである。

※鈴木牧之の『北越雪譜』には薪集めに山へ入った男が雪の斜面を滑落して遭難する話が載っている。男は何とか脱出しようと試みるが叶わず諦めかけるが、偶然熊穴に入って助かる。だがそこには何と先客として熊が入っていた。結局その熊のお陰で男は生き延びるのだが、みどりさんの話と似ていて非常に興味深い。

北海道・松前半島

変わらぬ呼び声

厚沢部町で林業関係の会社を営む飴谷隆男さんは、仕事柄周辺の山を知り尽くしている。一人で山へ入っても怖いと思ったことは一度もない。その飴谷さんの親友が或る日突然姿を消した。

「いやそれが毎日のようにうちさ来てたんだあ。夕方仕事が終わってから玄関ガラガラって開けてな。〝おーっいたか〟って入ってきてな」

その人と飴谷さんはウマが合うらしく、そのまま十一時くらいまで話ながら飲むのが常であった。

「本当に二日と空けず来てたもんねえ。まあ私が風呂から上がってもまだいてね、面白い人だからいいけど」

或る日、近所の人が亡くなった。その人の葬式で親友と会った飴谷さんの奥さんは、はっとした。

〝あれ？　この人何か……何か影が薄い〟

思わず横の人にも聞いてみたが答えは同じだった。周りの人とは明らかに違って見えるがまさか本人にそのことを言えるはずもなく、そのぼんやりした後ろ姿を見送ったのである。

それから一週間して親友の姿が見えなくなった。いや正確に言うと山へ消えたのである。

「その人が用事で立ち寄った家から〝山菜採りに行く〟って急に言って帰ったんだ。貰ったお土産もそこさ置いたままで。軽トラで山さ行く途中に知り合いとすれ違ってな、声かけただどもまったく知らんふりでスピード出していってしまったんだと。何もそんなに急がなくとも山菜は逃げねえべ」

ちょうどその日、親友の奥さんは宿泊予定で厚沢部を離れていたが、胸騒ぎを抑えられず夕方急遽帰宅をする。そこで夫と連絡がつかないことが判明したのである。

「それから大勢で山さ探しに入ったんだあ。軽トラのあった所から散々探したども見つからね。結局二日くらいしてからかな、その人の息子が見つけたんだよ。みんなで探した場所のすぐ下だったなあ」

親友が亡くなってから数日後の夕方、飴谷さんが居間でくつろいでいると玄関先へ誰かが来たのが分かった。

「おーっ、いたか」

間違いなく聞き慣れた親友の声である。いつもの時間にいつもの言葉、飴谷さんは躊躇《ちゅうちょ》なく玄関へ出てみたが、もちろん彼の姿は無かった。

「本当に普段通りの感じだったんだあ。うちのも聞いてたからな一緒に」

「玄関の所でいつも言ってたからね、〝おーっ、いたか〟って。まったく変わりない声だったよ」

親友がなぜ急いで山へ向かったのかは今となっては誰にも分からない。何かに突き動かされるように山へ入る理由は当人にも分からなかったのかも知れない。

白神山地・目屋

罠と黒蛇

白神山地の東側に位置するのが青森県西目屋村だ。豪雪地帯であり、マタギが山々を闊歩する地域として知られている。

西目屋村で年間半年以上山へ入り山菜やキノコを採っている米澤昭也さんに話を聞いた。

「叔父さんがマタギだったんですよ。熊が捕れると庭先で凄く巨大な鍋持ってきて集落の人が料理してましたねえ。小学生の頃でしたかねえ、熊捕りの罠《わな》に人が掛かって死んだんですよ。それから罠を掛ける人はいなくなったんじゃないかなあ」

熊捕り用の罠とは〝ウッチョ〟とか〝オッチョ〟と呼ばれるタイプで、全国的には〝押し罠〟または〝押す〟といわれている。これは片屋根状に組んだ木材の上に重しを乗せておき、その下へ獲物が入ると仕掛けが外れて片屋根が落ちる仕組みだ。熊捕り用は百キロ超の重しを乗せるので、よほどの大熊でない限りは逃げることは出来ない。しかしなぜそんな罠に人が入り込むのだろうか。

「まあ大体は雨宿りですかねえ。いやあその時は大変な騒ぎになって、罠掛けた人も気の毒でしたよ」

＊

米澤さんは白神山地で奇妙な蛇を見たことがある。気持ちが悪いくらいに真っ黒で太くて寸詰まり、蛇には慣れた米澤さんが初めて見る形状だった。

「普通は携帯を持っていくのに、その時だけ無いんですよ。写真撮れなかったのは残念でした」

形からすればツチノコの類かも知れない。

＊

米澤さんが生まれたのは西目屋村最奥の集落で、今はダムの底である。そこを開いたのは斎藤主《つかさ》という人で、さまざまな事業を行い地元のために働いた。生前レンガ造りの奇妙な塔を建て、中の祭壇へ自身の遺骸を納めるように遺言する。そのままアルコール漬けにされた斎藤主は塔の中に近年まで安置されていたというから驚きだ。

この塔の名称は不識《ふしき》の塔、または主の塔と呼ばれている。原因は分からないがアルコールが無くなり遺骸はミイラ化して、その後別の場所へ移されたそうだ。アルコール漬けとは少し怖いが、米澤さんが子供の頃はこの塔が遠足の目的地だったそうである。東北地方には即身仏が多いが、斎藤さんも瓶の中で地域を見守っていくつもりだったのだろう。

白神山地・目屋

マタギvs狸

目屋地区は東西に分かれている。古くからのマタギ集落であり、白神山地が主な猟場だった。白神山地の奥深くまで分け入り、マタギ小屋をベースに熊を追う。伝統的な狩猟文化を長年守ってきた白神マタギたちも山でさまざまな体験をしている。

西目屋村には狸がたくさんいて騙されやすいマタギもいるそうだ。〝あの人にはよくムジナ（狸）が憑く〟などといわれ、その人は道に迷ったりマタギ小屋で寝ていると足を引っ張られたりする。小屋によっては津軽三味線の音が聞こえる場合があり、最初は上手だが途中から怪しくなって最後までは弾けない。その理由は長い曲を狸が覚えられないからだとマタギたちは思っている。

小屋付近に狸が来ているなと思ったマタギが狸をからかうこともあった。

「今日は木が倒れるんじゃねえか」

と言うと、上から木を切る音がしてドーンと倒れる音もする。もちろん周りにそんな状況は無い。狸をからかってマタギたちが喜んでいるのだが、狸もそのまま黙っている訳ではない。皆が寝静まった真夜中、マタギ小屋が賑やかになった。

「朝だ、朝だよー。もう朝だよー」

叩き起こされたマタギたちはすぐに朝飯の準備に掛かる。ばたばたと皆が動き出し、しばらくすると気がついた。まだ真夜中なのだと。

「狸だな……」

白神山中ではマタギと狸の化かし合いが続く。

＊

白神を知り尽くしたマタギはガイドとしても活躍している。個人や団体はもちろん、各種マスコミの取材対応で白神の原生林を案内するプロなのだ。

数年前の出来事だ。テレビの取材で秋田県側の白神山地へ二人のマタギがガイドとなって入山した。美しい渓流を堪能する番組である。撮影するテレビクルーとの行動なのでどうしても予定が遅れてしまう。気がつけば夕暮れが迫っていた。

「どうすべ？　これは予定の所まではいかねな」

「ここはまずいんでねか」

そろそろ野営の準備に掛かる時間だが、場所が問題だった。下り沢という渓流で、立ち入るのは構わないが泊まってはいけない場所とマタギ間では言われている。

「しかたねべさ、もう少し下って粕毛川《かすげ》の手前ならいいんでねか」

粕毛川は秋田県の藤里町へと下っている。その合流地点なら大丈夫だろうとマタギたちは判断した。沢を下りながら開けた場所を見つけるとテントを張った。その夜中過ぎ。

「おい、誰かいるべ」

一人のマタギが寝ていた仲間に声をかける。

〝ザク、ザク、ザク、ザク〟

いつの間にか降り出した雨の中、テントの周りを彷徨《ほうこう》する誰かの足音が聞こえるのだ。

「テレビ局の人でねか」

「なしてテントの周りさ歩く？」

マタギたちは身を固くしてその足音を聞いていた。翌朝、顔を合わせたテレビクルーに確認すると、誰もそんなことをした人はいないのである。

「ああ、ここさ泊まるなってのはそういうことなんだなあ」

マタギたちは改めて納得したのである。

＊

西目屋村に移住してマタギとなった小池幸雄さん宏美さんに話を聞いた。弘前大学の探検部で鳴らした小池さんはマタギであり優秀なガイドでもある。

「お客さんを連れて白神山地へ入ったんですよ。マタギ小屋付近で泊まったんですが、夜中に〝ドーン、ドーン〟って音がするんです」

幸雄さんと宏美さんは顔を見合わせた。今までに聞いたこともない音である。

「最初は落石かなと思ったんですよ。でも音の間隔があまりに規則正しいから変だなと」

翌朝、すぐ横のテントで寝ていたお客さんに確認したが、誰もその音に気がついた人はいなかったそうだ。これが阿仁ならば間違いなく狸の仕業である。

＊

幸雄さんはガイド以外でも生態系の調査で山間部へ入ることがよくある。この話は以前調査で福島県の奥只見《ただみ》へと向かった時のことだ。

「鳥の調査でしたね、奥只見へ入ったのは。山では確か五人くらいで分かれて調べました」

集落の外れから調査を開始して順調に歩を進めていると、

〝ギャアアアア、ウワアアアアアッ、グエアアアアッ〟

突然、もの凄い絶叫が辺りに響いた。

「びっくりしましたよ。もう尋常じゃない叫び声なんです。その声のほうを見たんですが何も見えなかったですね」

幸雄さんが歩いていたのは斜面の少し下の道で、小さな圃場《ほじょう》を挟んだ上の道からその絶叫は聞こえる。

〝グエエエエアアアアア、ギャワエアアアアアアッ〟

いくら目を凝らしても声の主は見当たらないが、移動しているのだけははっきりと分かった。

「上の道を左へ向かっているんです。途中に社があって、そこまで行くと止まったんですよ。そこがちょうど自分のいる場所の真上の辺りで、まずいと思いました」

絶叫の主がこちらへ下りてきたら大変だ。幸雄さんは腰に下げた鉈《なた》に手を掛けた。静寂が辺りを包む。先ほどの騒ぎが嘘のようだった。

「ありゃあ、いってぇ何だあ？」

近くで畑仕事をしていた婆ちゃんが声をかけてきたので幸雄さんはほっとした。

「何ですかねえ」

「動物じゃねえべなあ」

話ながら幸雄さんは鉈を納めたが、何とも落ち着かない気分である。婆ちゃんと別れた後、しばらくその場で社の様子を伺っていた。すると先ほどの婆ちゃんが社のほうへ向かっているではないか。恐らく息子と孫ではないかと思われる男たちを引き連れていた。

「三人とも鎌や鉈を手にして社へ向かってましたねえ」

地元民でも恐怖を感じるくらいの絶叫の正体は分からないままである。

白神山地・目屋

神様の地

青森県は神様の多い地である。下北半島には恐山、また津軽地方には岩木山がある。どちらも神聖なる場所で、周辺にはイタコ、ゴミソ、オシラと呼ばれるシャーマンたちが健在なのだ。

「山で奇妙なことは経験がありませんねえ」

話を聞いた弘前市東目屋地区の福沢貴人さんは、仕事柄白神山地の奥深くまでよく単独で入るそうだ。核心部にも入るが、そんな中で怖い思いをしたことは無い。

「う〜ん怖かったのは小学生の頃でしたかねえ。隣が火事になってそこの人が死んだんですよ。それでしばらくしたらうちの婆ちゃんと近所の人がイタコを家に呼んだんです」

白装束に着替えたイタコは道具を揃えると誰を呼ぶのか尋ねる。仏下ろしの対象は火事で亡くなった人だ。

じゃらじゃらと大きな数珠《じゅず》を鳴らしながらイタコが呪文を唱える。初めて見る仏下ろしに福沢少年は興味津々で傍らから覗きこんでいた。

「あづい、あづい、あづい。水、水を一杯くれ〜」

激しく悶えだすイタコの姿に一同は驚く。呼び出した相手が焼死したことは何も伝えていなかったからである。

「あれは恐ろしかったですねえ。私はあんまり不思議なことなんて信じませんが、イタコだけは信じますよ」

*

福沢さんは母親から面白い話を聞いたことがある。

「凄い大雨が降った時に米ケ袋《よねがぶくろ》の田んぼへ様子を見に行った知り合いがいたそうです。その人、土砂降りの中で変な人を見ているんですよ」

田んぼが心配になるくらいの雨の中、白装束の女性が歩いているのだ。土砂降りなのにその女性は濡れているように見えない。いったい何者だろうと不思議に思い、その女性の姿を見ていた。それからしばらくして近くの神社が山ごと崩れ落ちる。謎の女性を見ていた人は神様が避難したのだと思ったそうだ。

東目屋地区にはかつて多くのゴミソがいて住民のさまざまな相談事に応じている。体調不良や困り事、失せ物探しなど気軽にゴミソに尋ねているのだ。

「ああ、ゴミソに免許証がなぐなったぁって親父が聞きに行ったのよ。そうしたら車ん中さよく探せって言われて探したらあったんだぁ」

東目屋地区にある多賀神社の例大祭で集まった人たちからは、免許証が見当たらないとゴミソの所に行った話を複数聞いた。免許証程度でも相手をしてくれるゴミソの大らかさに感心するが、もちろんこんな簡単な件ばかりではない。

或る時、集落の婆ちゃんが行方不明になった。警察や消防団がいくら探してもその姿は見つからない。誰もが諦めかけた頃、家族はついにゴミソにその居場所を尋ねた。

「そこさいる」

岩木川に架かる橋の近くを指さすゴミソ。しかしいくら目を凝らしてもそれらしい姿は見当たらない。集落の人が河原へ下りて生い茂る草を掻き分けると、確かに婆ちゃんの姿はそこにあった。

秋田県藤里町でもかつて多くのゴミソが存在したが今は一人もいない。しかし岩木山周辺では少ないがまだ活動をしている。東目屋地区でも曾祖母の跡を継いでゴミソになった三十代の男性がいて、当分地域の神様として存在出来るだろう。

白神山地・目屋

足のある魚

現役の目屋マタギで秋田県出身の人から話を聞いた。その方は大平山の近くに家があり、子供の頃は川へ魚の夜突きによく出かけている。

「小学校の頃だなあ。兄貴と二人で夜突きさ行ったの、カンテラ下げてな。そうしたら足のある魚がいたんだあ。もうびっくりして逃げて帰ったよ」

サンショウウオかとも思ったが完全に魚の形状で、太い足が生え四十センチほどの大きさだったそうだ。この時、兄もその不気味な姿を確認している。足のある魚とはその後も遭遇し震え上がり、以来二度と川遊びには行かなくなった。

彼が小学校一年生の頃、父親が近くの苗代に入り込んでバシャバシャとやっているのを見て驚いたことがある。目を丸くする息子に父親は得意げに言った。

「おう、いい湯加減だあ。おめえも風呂さ入れぇ」

酔っぱらってはいたがあまりに奇妙な出来事で、集落の人たちは狐のせいだと噂した。それからしばらく経った或る日、親戚の家に遊びに行った父親を迎えに行くように母から命じられる。気乗りはしなかったが仕方がない。とぼとぼと薄暗い道を親戚の家へと向かっていると、またしても苗代でバシャバシャやっている父の姿が……。


「おめえも入れ、おめえも入れって言うんですよ、親父が。この時はもう完全にバカになったのかと思いましたねえ」

どうやら狐に狙われやすい体質のようである。

＊

弘前市の市会議員である石岡千鶴子さんから聞いた話。

「あれは家に帰る時のことですねえ。畑の横を車で走っていたら知り合いの婆ちゃんとすれ違ったんです。その人は畑仕事が大好きでねえ。毎日畑へ手押し車使って通っているんですよ。よく働くなあと感心してたんです。そうしたら次の日に亡くなったって連絡が来て、思わず言ったんですよ、凄いねえピンピンコロリだったねえって」

電話の相手は石岡さんが何を言っているのか意味が分からなかった。それもそのはず、畑好きの婆ちゃんは三か月も前から入院していたのだ。

「聞いてびっくりしたんです。あの時バックミラーでも確認してるんですよ。間違いなくその婆ちゃんが手押し車押して歩いてたんだから」

婆ちゃんは死ぬ間際まで大切にしていた畑のことが心から離れなかったのだろう。

＊

石岡さんの叔母さんが八甲田山へタケノコ採りに行った時のことだ。深い笹藪の中で友達とはぐれないように注意しながらせっせとタケノコを集めていると、下からガサガサと音が聞こえる。

「誰か登ってきてない？」

「まさか熊じゃねべな」

タケノコを採る手を止めて耳を澄ます。

〝ガサガサ、バキバキ〟

笹藪を掻き分けながら姿を現したのは若い男である。熊でないことに二人は安堵するが、その男の格好に強烈な違和感を覚えた。タケノコ採りにはおおそ相応しくない白いワイシャツ、黒いズボンにサングラス。まるで通勤のサラリーマンのようでもある。

「あれ？　この上さ何か会社があったっけ？」

思わず顔を見合わせる二人。その二人の横を目も合わせることなく男は登っていく。通り過ぎる時にサングラスの横からちらりと男の目が見えた。

「あれ、ほらあれ」

「うん、狐だべあれ」

サングラスの奥に隠れていたのは吊り上がった狐の目だったのである。

白神山地・藤里町

謎の電話

藤里町から北方を眺めると白神山地が東西に延びているのが見える。町には粕毛川と藤琴川という二水系があり、どちらも白神山地に源を発している。昔から藤里町の人々は白神山地の水を飲み、白神山地の水で作物を育ててきたのだ。まさに白神山地の賜物とも言える地にいったいどのような話があるのだろうか。

＊

日本各地を回っていると北東北は比較的狐に関する話が多い。ここ藤里町でも老若男女問わずいろいろな狐経験をしている人たちがいた。

藤里町役場に勤める成田貴之さんは祖母から謎の電話の話を聞いている。

「これは昭和の四十～五十年代の話なんですよ。うちの爺ちゃんは酒飲みだったんですが、決して乱れるような飲み方はしない人だったんです」

或る夜、いつものように街中へ飲みに出かけた爺ちゃんは少し帰りが遅くなった。節度ある飲み方をする人なので家族はあまり心配していなかったが、少し気にはなる。

「どうしたんだべ、遅ぇでねか?」

「んだな」

時計を確認しながら話をしていると、突然電話のベルが鳴った。電話の内容はこうである。

〝おめぇんとこさの爺ちゃんが坂の途中で寝てっから迎えさいげ〟

院内岱《いんないだい》の家へと向かう坂で爺ちゃんが寝ているという知らせだ。すぐに家族が探しに行くと坂道の真ん中で確かに爺ちゃんは寝ていた。着物を脱ぎきちんと畳んで履物も綺麗に揃えてある。まるでどこかの家に上がって布団で寝ているような姿だったそうだ。

「爺ちゃんは不思議なことがこの世にあるとはまったく思わないタイプの人なんです。でもこれについては不思議だったそうですよ。でも一番不思議なのは誰が電話を掛けてきたのかが結局分からなかったことですねえ」

電話を掛けてくるような知り合いすべてに確認したが、そのような人はいなかったのである。爺ちゃんが道端で寝ていたのは狐に化かされたからだと家族は考えたが、謎の電話も狐の仕業なのだろうか。

白神山地・藤里町

田んぼの中、雪の中

藤里町を訪れた日、「婆ちゃんたちが居酒屋で月に一度の宴会をやってるから顔を出してみたら」と民宿の人に言われた。子供の頃からの友達だという五人の婆ちゃんたちは美味しそうにビールを飲みながら狐の話をしてくれた。

「狐火かあ？　ありゃあ何回も見たぞ、あちこちでなあ。狐が尻尾を振って青光が見えるんじゃろ」

阿仁地区でも同様の話を聞いている。狐がぴょんと飛んで尻尾を振ると〝べろべろべろ〟と光るのはまったく同じだ。では狐に騙された人はいるのだろうか。

「ああ、二十年くらい前かな、田畑のあいだを一晩中歩き回った人がおった。ドロドロで歩き回っとったな。三年前くらいにも女の人がおらんようになって、その人は狐に憑かれた言いよったぞ」

この女性の話は地域ではかなり知られた話のようだ。

或る女性が仲間と二人で山菜取りへ向かった。現場では声をかけ合い、互いの位置を常に確認する。慣れた山とはいえ細心の注意を払って行動をする慎重な二人だった。

「おーい、今どの辺りだあ？　そろそろ昼休みにすべかあ。おーい、今どの辺りさいる？」

藪の中で顔を上げて声をかけ続けるが、彼女からは何の返答も無く集合地点にも現れない。遭難事故として捜索を始める直前に発見されるが、彼女は言い続けた。

「狐にやられた、狐にやられた」

「狐に？　何やられたんだぁ」

「狐がこっちさ来い、こっちさ来いっておらをずーっと呼ばるんだぁ」

藪の中で自分を呼ぶ声のほうへと進んで居場所が分からなくなったというのである。天候も悪くなく迷うような場所でもない。一緒に行った友達も、つい今しがたまで近くにいたのになぜとんでもない所まで行ってしまったのか信じられないと話している。

＊

十数年前には雪の中を一晩中歩かされて行き倒れになった人もいたそうだ。それは或る年の大みそか、一杯飲みに出た人がいつまで経っても帰宅しない。外はしんしんと雪が降り、かなりの積雪である。

「どこさ行ったんだべ？」

家族は心配しながら彼の帰りを待っていた。それから数時間後の元旦早朝、N家では婆ちゃんが玄関を開けて驚きの声を上げた。

そこには雪で半ば埋まった男が倒れていたのだ。婆ちゃんの大声を聞いて家人が集まってくると、早速人命救助が始まった。ストーブをガンガン焚いて部屋を温め、熱いお湯を少しずつ飲ませて体をさすり続ける。懸命の手当の甲斐あって男は意識が戻り、皆はほっとした。あまりにも騒がしい元旦の朝が一段落すると、今度は近所の人がやって来た。

「おめえんとこさの若ぇのが、おらんとこの鯉を捕りに来たべ！」

何のことやらさっぱり分からなかったが、どうやら池の中に入り込んだ誰かの足跡が点々とN家まで続いていたそうだ。例の行き倒れである。そこで新雪にしっかりと残されていた彼の行動記録を辿って驚いた。田んぼの周囲をぐるぐると何度も回り、池の中へ突入し蹂躙《じゅうりん》すると、さらに徘徊しながらN家へと向かったのである。しかしこの人は運がいい。普通なら真冬の池の中へ入った時点でかなり危ない状況なのだ。N家では狐に騙されたに違いないと話したが、当の本人は何も覚えていなかったのである。

白神山地・藤里町

下りか？ 登りか？

藤里町は水の郷でもある。誰もがその流れに親しみ、恩恵を受けてきた。四歳の頃に釣りを始めたという山田尚樹さんは、山菜採りの名人でもあり現役の消防士でもある。頑健な山のベテランに話を聞いた。

「不思議な話ですか？　ありますよ、一回だけね。まあ道迷いなんですけど」

道迷いは山では珍しいことではないが、いったい何があったのだろう。

「五〜六年くらい前ですね、確か。小岳のほうにタケノコ採りに入ったんですよ。ＧＰＳも持ってるから楽勝って感じで登ったんです」

最も道に迷いやすいのが春先のタケノコ採りである。目の前に広がるタケノコの群落に夢中になって居場所が分からなくなるのが典型的な道迷いで、少なからぬ人が命を落とすから怖い。

その日、準備万端で向かったのは行き慣れた小岳である。山田さんは気楽に登り始め、予定通り山頂へ着いた。そこに山歩きの女性たちがやって来る。ちょうど昼時、賑やかな女性たちと語らいながら一緒に昼食を食べ、楽しく過ごすと山田さんは彼女たちよりも先に下山を開始した。途中でタケノコを採るという目的があったからだ。登山道からそれるとタケノコの宝庫へ足を踏み入れたのである。

「タケノコを随分採って時計見たらもう四時近くてね、帰ることにしたんです。それで道まで戻ったら〝キャッキャ、キャッキャ〟賑やかな女の人の声が聞こえて、あの人たちも下りてきたんだなあと思いましたね」

山頂で会った女性たちだと思った山田さんは、先を行く彼女たちに追いつこうと歩を速めた。

「タケノコをたくさん採ったからそれを見せてやろうと思ってね。それでどんどん下っていったんですが、なかなか追いつかないんですよ」

先行する賑やかな女性たちの声を追いかけながら歩き続ける山田さん。三十分ほど歩いた時、目の前に見慣れた木が現れた。

「千手観音ブナっていわれる特徴のある木なんです。それを見た時に気がついたんですよ、登っているってことに。下っているつもりがずっと登っていたんです」

GPSで確かめても間違いなく自分はずっと登っていたのである。タケノコ満載の重いリュックを背負い結構な傾斜道を登っているのに、当人は完全に下りだと認識していた。山田さんにとって小岳は目を瞑《つぶ》っていても歩ける場所なのだ。それがこんなことになるとはおかしい。狐のせいだと直感した山田さんは叫んだ。

「俺のこと騙そうたってそうはいかねーぞ‼」

ひょっとしたらすでに騙され後だったのかもしれないが、それ以上悪いほうへは向かわなかった。これも千手観音ブナのおかげか。

*

山田さんは特別の許可を得て世界自然遺産の核心部へ入ることもある。秋田県側の核心部への立ち入りは禁止されているが、その場所でチェーンソーの音を聞いたことがあるそうだ。

「あれ？　チェーンソーだな、あの音は」

不思議に思って耳を澄ますと森は静かになった。気のせいか？　人が入れない場所なのに木が切れる訳がないからなと思っていると、再びチェーンソーの音が辺りに響いた。

「ああ、これが狸の仕業かと思いましたねえ。『山怪』読んでるからそう思ったのかなあ、ふふ」

山奥の出来事

白神山地・藤里町

藤里町は林業が盛んな地で、昔は営林署の管区がいくつにも分かれていた。山の中には飯場も多く、長いと二週間程度寝泊まりしながら作業をしたそうである。

安保勝徳さんは中学卒業と同時に山仕事に従事している。最初は飯場での炊事が主な仕事で、飯炊きから後片づけまでこなすの大変だった。

「これは先輩たちから聞いた話なんです。十文字の小屋で寝ていると夜中に〝トンボで行くぞー!!〟って大声が聞こえるんですよ」

トンボとは木の倒し方のことだ。斜面に対して横倒しになるように切ってそのまま転がすやり方である。

「ギコギコ木を切る音がしてメリメリ、ど〜ん、ごろごろごろごろって聞こえるんです」

真夜中いきなり木が倒れて転がってくる音がする。屈強な作業員たちも肝をつぶしたが、しばらくすると元の静寂に戻った。何事が起こったのか誰も分からず、まんじりともせずに朝を迎える。そして次の日、作業を終えて布団に入り皆が寝静まった頃、またしても、

「トンボで行くぞー！」

〝ギコギコギコ、どーん、ごろごろごろごろ〟

驚いて飛び起きる男たち。しかし気がつけば辺りは静かな闇の中、いつもの小屋である。立て続けに安眠を妨害された男たちは一計を案じる。そして次の夜。

「トンボで行くぞー!」

〝ギコギコギコ。どーん、ごろごろごろごろ〟

それ今だと待ち構えていた男たちが小屋の外へ一斉に飛び出すと……。

目の前の斜面を狸がごろごろごろっと転がってきたそうだ。

川の達人で監視員でもある市川市治さんも同様の話をしてくれた。

「山仕事から帰る時に突然でど〜んって大木が倒れる音がするんですよ。その音のほうへ見に行っても何も無いんです。これは作業員たちが複数で聞いているんですよ」

典型的な狸の仕業である。ちなみに藤里町では狸のことをムジナと呼ぶ人が多い。

＊

年の半分は山へ入り山菜やキノコを採っている人がいる。彼は直売所などで得物を売って生計を立てている。謂《い》わばプロであるが、その彼がタケノコを採りに行った時の話だ。

「たくさんタケノコが生えている所は怖い所ですよ。もうね、タケノコ生えているのがずっと見えるんですから。採っても採ってもまだ先にずっと見える」

終わりがないのだ。いくら採ってもその先には限りなくタケノコが顔を出している。手が止まらない。気がつけばどこにいるのか分からなくなった。長い採集生活でも初めてのことである。ベテランの山人でも焦りは隠せない。藪の中をどれくらい彷徨しただろうか。かすかに車の走る音が聞こえた。

「ああ、助かったと思いましたよ。道の方向が分かったから」

無事に山から帰還出来た時は心底ほっとしたが、彼は翌日も同じ場所へと向かったのである。採っても採っても少しも減らないタケノコ。いや採れば採るほど目の前に新たなタケノコが出現するではないか。我を忘れて採り続けるうちに、またも居場所が完全に分からなくなったのである。

「あの場所へは二度と行かないですね。なぜ？　いやあ三度目は無いですよ」

タケノコ採りは怖いのである。

*

藤琴川のかなり奥の沢筋にゼンマイの名所がある。時期になると我先にと大勢の人が向かう場所だ。

或る年のことである。ゼンマイ採りが好きなAさんは早起きをすると薄暗いうちからそこへと向かった。沢沿いに軽トラを止めるとAさんは籠を背負って歩き出す。目的地はかなり奥で楽ではないが一番乗りだと思うと嬉しかった。

〝ザッザッザッザ〟

しばらくすると足音が聞こえてくる。顔を上げると誰かが下りてくるのが見えた。

「あれ？　こんなに早く採りに入ったのか？」

自分がてっきり一番だと思ったから驚きながらも挨拶をするが、男は無反応である。強い違和感を感じたAさんが散れ違いざまに振り向くと、男の姿はどこにもなかった。この謎の男には多くの人が遭遇し、現場は〝お化けが出る場所〟として知られている。

白神山地・藤里町

頭を蹴とばすタマシイ

藤里町にある素波里《すばり》ダムが出来る時にいくつかの集落が移転した。それ以外にも不便であるという理由で集団移転をした地区もある。今は無き地区で育った中島毅さんの話。

「市日（十日市）に十日分の食料を買ってくるけど家族が多くてね。一週間で無くなるんですよ。そうすると川で魚捕ってきてそれがおかずになるんです」

わずか数戸しかない集落で育った中島さんは長年山仕事に従事してきた。山での怖い経験は無いというが、一度不思議な光を見たことはあるそうだ。

「小学校に入る前ですねえ。家の前が墓なんです。すぐ前、見えるんですよ、家の中から墓場が。夏の夜でした、五、六基ある墓全体がぼわーっと光に包まれてねえ。うわあ、タマシイ来たあああ！って騒ぎましたよ」

＊

藤里町で民宿を営む婆ちゃんの話。

「昔はどこの家にも水ガメがあったの。その水をタマシイが飲みに来るのね。玄関がからからって開いて誰かが入ってきてね、水ガメの蓋とって飲んでるの。でもね、見に行くと誰もいなくて、ああどこそこの婆ちゃんが亡くなったなって分かるのね」

入院している人が付き添いの人にこう話して世を去ったこともある。

「今、○○の家さ行って水飲んできただ」

藤里町ではタマシイがカメから水を飲む話を多く聞いた。しかし今では水ガメを置く家も無く、タマシイはどこでのどの渇きをいやしているのだろうか。

＊

集落を移転する時にかならず行うのは墓の整理だ。昔は土葬であり仏の数だけ墓があるから、それを一つ一つ掘り起こして纏める必要があった。

素波里ダムに集落が沈む時に墓を移転した話を安保勝徳さんがしてくれた。

「棺桶の蓋ぁとったら白い着物着た婆さんがおって、髪の毛が伸びてやったなあ。土質の関係か凄く綺麗な状態やった」

埋葬時に最後のお別れと蓋を開けたら死んだ爺さんと目が合って、それが忘れられないという人もいた。その人も安保さんの話同様に髪の毛も髭も伸びていたと話す。死人も人形も毛は伸びるものらしい。

＊

或る家の爺さんが亡くなった時の話だ。東京から急ぎ帰ってきた息子に叔父がこう言った。

「おめさ、久しぶりだし仏の枕元に寝てやれ」

言われた通り、息子は北枕の仏に対してTの字になるように布団を敷いて休んだ。あわただしく遠方からやって来た疲れもあってか、すぐに眠りに落ちた。真夜中過ぎ、いきなり頭部に衝撃を感じて彼は飛び起きる。

「痛てぇな！　何だ、今のは」

暗い中で辺りを見回す。何かが倒れて当たったような感覚ではない。感じとしては誰かに蹴とばされたような衝撃である。すっかり目が覚めた彼はまんじりともせずに朝を迎えた。

翌朝、集まってきた親戚に夜中の話をすると、叔父が少し嬉しそうな顔でこう言った。

「そうか、あそこはタマシイの通り道になる所だからなあ。そこさ塞ぐように寝てたから蹴っ飛ばされたんだべ」

タマシイは北枕方向へ真っすぐに家の外へ出たらしく、途中にあった息子の頭を躊躇なく蹴とばしたというのだ。

蹴とばされた息子としては叔父がわざとそこへ寝ろと言ったような気がしてならないのである。

白神山地・藤里町

ゴミソと川流れ

山間地域に限らず昔は庶民の相談事に応じる〝神様〟が各地に多く見られた。神道系や仏教系、自己流といろいろな〝神様〟は、失せ物探しや縁切り、頭痛、肩こり、歯痛と何でもござれ。インチキだと言う人もいたが、地域に無くてはならぬ存在だったのである。

都市部から早くにいなくなった〝神様〟が比較的最近まで残っていたのが山間集落であり、藤里町にも多くの〝神様〟が存在していた。藤里町ではこの〝神様〟のことをゴミソと呼ぶ。

「婆さんは何かあるとすぐにゴミソのとこさ行ったもんだ。物がなぐなったとか体の調子悪いとかな」

先述した居酒屋で宴会中の七十代女性の話だ。この方の婆ちゃんはゴミソに相談するのが凄く好きだったようで、伴侶が亡くなった時も足繁く通った。

「うちの人はトマトが好きやったから毎日仏壇にお供えしてるっけえ」

するとゴミソが険しい表情でこう言った。

「トマトの切り方が大きいのしゃ。もっと細かく切ってけれ」

体の調子が優れないのでゴミソの所へ行くと、やれ狐が憑いている、死人が憑いていると言われることが多かった。その時は何か書いた紙を貰い、それにご飯を包んで川に流せと言われるのが常である。川に流すことで目の前の災厄も去るという発想なのだろうか。実は藤里町では川流れという言葉があって、意味するのは人が流されて死ぬことである。

或る地区のゴミソの亭主がいなくなった。状況からして川流れじゃないかということになったが、いくら探しても彼は見つからない。妻であるゴミソも結局見つけることが出来なかった。二か月後、かなり下流の河原に半分埋まった姿で彼は見つかったのである。

各集落にゴミソがいた頃は〝どこそこのゴミソは当たる、どこそこは当たらない〟などと噂されている。調子が悪いのでゴミソの所へ行ったことを娘に話すと凄く怒られたと、或る婆ちゃんが話してくれた。若い人にとっては当たる当たらない以前の問題で、単なるインチキだと決めつける。しかしその婆ちゃんもしたたかで、その後はゴミソの所に行っても娘には黙っていたそうだ。

*

集団移転で無くなった上流の地区のゴミソはロクスケという屋号で呼ばれていた。地区の運動会の時は背中にその屋号を縫い付けて走ったそうである。それほどに生活に馴染んだゴミソも今では一人も残っていない。

先述した中島毅さんの祖母はゴミソで、いろいろな人が家にやって来たのを覚えている。

「具体的にどんなことをしよったかはあまり分かりませんがね。寒修行で太鼓叩いて集落中を歩き回りよったですよ。年に一度ゴミソが集まっていたのは覚えておりますよ」

「それは何か祈禱会みたいなことをしていたのですか？」

「いやあ、酒飲んで騒いでましたねえ」

ああ、〝神様〟も憂さ晴らしは必要らしい。

祖母が亡くなった時は大変だったと中島さんは話す。〝仕事場〟には実に多くの神仏が残され、素人には手が出せなかった、そこで能代《のしろ》から偉い坊様を呼んで魂抜きをしてもらったそうだ。ただすべてを処分する気にはならず仏像二体だけを残している。

長年営林署に勤めた人が霧の深い朝、川流れになった。欄干も無い狭い橋を渡っている途中で転落したのである。以前は川の水量が今の三倍以上あったそうで落ちるとまず助からない。川流れは珍しいことではないが、この時集落の人たちには忘れられないことが起きた。川流れの次の日の朝、橋の袂に真っ赤なガンジャ（麻）の花が咲いていたのである。ガンジャの花は昨日も同じ場所に咲いていたが、それは白い花だった。集落の人たちは真っ赤なガンジャの花に向かい手を合わせたのである。次の年にはいつもの白い花しか咲かず、それが余計に不思議に感じたそうだ。

※歯痛の治し方　粕毛地区の民宿の女将《おかみ》に聞いた話では、祖母が焼き場に時々探し物に行ったそうだ。灰の中を掻きまわして拾ってきたのは釘である。棺桶に使われていた釘で虫歯をつつくのが治療法だったそうだ。

南蔵王・七ヶ宿町

狐と蜻蛉爺

宮城県七ヶ宿町《しちかしゅく》は今でこそ静かな山里だが、以前は立派な街道だった。繁栄の様子を物語る本陣が残る風情のある場所である。『山怪』では七ヶ宿の民宿の女将が子供時代に迷い込んだ〝幻の白い山〟、そして狐に纏わることなど興味深い話などを採録したが、今回新たに木工作家の人から聞くことが出来た。お名前は仮にKさんということにする。

＊

Kさんは宮崎県の山間部の生まれである。縁あって七ヶ宿町に移住して木工作家として活動を始めたが、いろいろ不思議なことがあったそうだ。

「以前住んでいた家の横が田んぼだったんですよ。或る夜中トイレに行こうと思って部屋を出たんです」

家の真ん中には外と繋がる通路が一本通っていて、そこを渡った所にトイレがあった。通路を横切ろうとした時に繋がれている飼い犬がじっと外を見ている姿に気がついた。

「あれ？　何を見てるんだろうって私もそっちのほうに目を向けたんです」

広がる田んぼの向こうには漆黒の闇が広がっていたが……。

「えっ？　狐がいるなあ……」

見えたのは一匹の狐の姿だった。山裾に佇む狐、いやおかしい、そんな訳がない。辺りは真っ暗なのだ。そこに何がいるのかなど分かるはずがない。

「見えるはずがないんですす暗闇ですから。でもなぜか狐が見えるんですよ、不思議でした」

その狐を見つめているとピョン、ピョンと跳ぶのである。それも等間隔に。田んぼの向こう側をまるで横幅を計るかのようにピョンピョンと跳ぶ狐の姿を見つめていると、頭の中に言葉が浮かんできた。

〝今年どれぐらい米が穫れるか計っているんだよ。その量に応じた数のスズメは捕ってもいいからね〟

そう言いながら狐は暗闇の中をピョンピョンと跳んでいるようだった。Kさんには狐が言わんとする意味はよく分からなかったそうだ。

＊

「同じ田んぼなんですが春先に蛇が出てきたことがあるんです」

田んぼに蛇は珍しい組み合わせではないが、その時の蛇は少し違った。田植え前で水を張ったばかりの田んぼに二匹の蛇が泳いでいた。

「頭を水から出して二匹の蛇が田んぼを縫うように泳ぐんですよ」

「縫うように？」

「そうなんです。田んぼの端から端を往復して全体を満遍なく泳ぐんです。不思議な蛇でしたねえ」

二匹の蛇たちは例の狐と同じように田んぼの何かを計っていたのかもしれない。さらにこの田んぼが黄金色になる秋の日の出来事だ。多くのアキアカネがすいすいと稲穂の海の上を気持ちよさそうに飛んでいる。

「凄く天気が良い日で綺麗だなと田んぼを眺めていたんですよ。そうしたらたくさん飛んでいる蜻蛉《とんぼ》の中に凄く変な形の蜻蛉がいたんです」

「大きさですか、それとも色？」

「お爺さんなんです」

「お爺さん？」

「そう蜻蛉の上にお爺さんが乗っているんですよ、それも釣り竿を肩に担いで」

何とも不思議なモノたちが出現する田んぼではないか。暗闇の狐に測量する蛇に、今度は蜻蛉に乗ったお爺さんである。しかし考えてみれば狐は稲荷の眷属だ。山の神が春先に里へ下りてきて田の神になる。田の神はつまり稲荷、そして蛇も富を呼ぶとされる生き物。もちろん農村における富とは豊作を意味したから、すべてが繋がっているようにも思える。とすると蜻蛉に乗ったお爺さんは田の神の化身で、黄金色の田んぼを満足げに眺めていたのだろうか。

南蔵王・七ヶ宿町

小さなおじさん

森の不思議な存在の一つに小人がある。兵庫県のベテラン猟師は森の中で二度ほどその姿を見ている。他人に話しても信じてもらえず、それならとカメラを持ち歩くようになったら出てこなくなって悔しい思いをしたそうだ。誰もがスマホを持っている現代なら撮影のチャンスは巡ってくるのかも知れない。

Kさんが七ヶ宿町に移住して間もない頃である。山奥に工房を開いていた先輩の木工作家の所に遊びに行った時だ。

「秋でしたね、日が落ちるのが早くなったなあと思いながら工房を出たんです。夕日が凄く綺麗でしたね」

集落を目指して林道を下っていると、一本の朴《ほお》の大木に夕日が美しく映えている。燃えるような輝きを放つ朴の木、Kさんは思わず足を止めて見入った。

「凄く綺麗だったんですよ。でもその根元に何か座っているんです」

「狐ですか?」

「いいえ、小さいおじさんでした。木の根元に座ってニコニコしてるんですよ。大きさですか？　二十センチくらいでしたね」

まさに森の小人さん出現である。Kさんが詳しく観察したところによると、小人さんは作業着姿で若干頭が大きかったそうだ。

＊

七ヶ宿町は移住者に対する支援策が手厚い。そのお陰もあって各地から多くの若者が移り住む地区である。そんな移住者の一組にセルフビルドでコツコツと自分たちの家を建てたご夫婦がいる。そのご夫婦がまだ移住して間もない頃の出来事だ。

家造りの作業は一生に一度のイベントである。夫婦して計画を練り、細部にも拘《こだわ》った気持ちの良い住まいを造りたい。中でも奥さんが憧れたのは茅葺《かやぶ》き屋根だった。その屋根を葺くには大量の茅類が必要である。暇さえあればせっせと茅を集めるのが習慣となっていた。

或る秋の日のことだ。午後からの予定が無くなったのを利用して奥さんは一人で山へ入ると茅類を集め始めた。本格的な冬が来れば大雪に閉ざされる場所である。動けるうちに動かないと家造りは進まない。懸命に茅類を刈り取っては軽トラに積んでいた。いつしか空は赤みを帯び、ひんやりとした空気が辺りに漂う。

「もうこんな時間か。今日はもういいかな、結構集まったし」

体中に着いた草埃を手で払い落とすと鎌を助手席に片づけた。まだ明るい周囲の山々を見ながら車のドアに手を掛ける。

「あれ？　何かなあれは？」

彼女の目に映ったのは一本のススキだった。少し離れた山の斜面に金色に輝きながら揺れている、まるで手招きでもするかのようである。

「綺麗だなあ、よしあのススキ一本で今日は終わりにしよう」

助手席から鎌を取り出すと輝くススキへと歩き始めた。

夕日を浴びて燃えるように揺れるススキまでは五十メートル程度の距離に思えた。ガサガサと草を掻き分けながら斜面を登ること数分が経過したが辿り着かない。

「あれ？　意外と奥に生えているなあ」

見上げると先ほどと変わらぬ距離でススキは輝いていた。まあついでだからと少し歩を早めて登る。特段疑問も感じずにススキを目指したが……。

「おかしいな？」

彼女は思わず首を傾げた。もうかれこれ二十分ほどは登っているが、一向にススキに近づいているようには思えなかった。やはり最初に気がついた時とほとんど変わらない距離でススキは揺れている。これは変だ。ふと辺りを見回すとすっかり暗くなっているではないか。輝くススキばかりに気持ちが集中していたのか、日が落ちたことにまったく気がつかなかったのである。暗い山中にただ一人、そしてその先には輝く一本のススキがあった。その後、彼女は必死になって車まで逃げるように帰ったのであるが、乗り込んだ時は心底ほっとしたことだろう。

後日、この体験談を近所に住む炭焼きの老人に話すと、

「ほお、それは狐だべ」

「えっ、狐ですか？」

「んだ、狐さやられたんだあ。タバコは持ってねかったのかい？」

「持ってません、吸わないから」

「そうか、おらなんかよ、小学校さ通うのにもタバコ持たされたもんだあ」

「えっ、まさか吸うんですか？」

「そうじゃねえ、狐に騙されないためにだあ。狐はタバコが嫌いだからな」

一服すると難を逃れられると言う山人は多いが、さすがに小学生がタバコ持参で登校する話は初めて聞いた。七ヶ宿町では狐と住人の攻防が長年続いているようである。

南蔵王・七ヶ宿町

錫杖の音

Kさんは七ヶ宿町の地域振興策で体験ツアーのガイド役をやっていたことがある。その時の出来事だ。

「七ヶ宿湖っていうダム湖があるんです。そこの旧道を歩くツアーをやったんですね」

現在、車が頻繁に行き交うのは国道一一三号線だ。ダム湖の対岸にも道があり、ここが元の街道である。かつてはお姫様の輿入《こしい》れ行列も通った歴史ある道を歩くという趣旨のツアーだった。

「途中にトンネルがいくつかあるんですよ。そこが真っ暗で、かなりあんまり気持ちの良い場所じゃないんですねえ」

グーグルアースで確認すると、途中がカーブになったトンネルがあって、どうやらこれらしい。

「暗いんですよ、本当に。自分の足下も見えないんです。その時はライトが無いからスマホのバックライトを点けたんです」

狭い範囲がぱっと明るくなった。同時にKさんはぎょっとした。

「人がいるんですよ、自分の周りに。五人くらいでしたね、それが凄く顔が近いんで驚いたんです」

スマホの灯りに照らし出されたのは男の顔だった。まるで自分を取り囲むように見つめる男たちにKさんは腹立たしく感じた。

「いくら何でも近すぎるだろう、本当に失礼な人たちだと思ってすぐに灯りを消したんです。不愉快でしたね」

そして再び真っ暗なトンネル歩き出す。しばらくして出口が見えてきたが、自分の周りには誰もいないのに気がついた。

「よく考えたら私はツアーの一番後ろにいたんですよ。集団から少し離れて一人だったはずなんです。当然周りには誰もいなかったのにねえ……」

*

このダム湖周辺は不思議なことがある地域として地元では知られているそうだ。

ダム湖の近くに傾城森《けいせいもり》と呼ばれる場所がある。そこにKさんが散策に訪れた時のことだ。

「ガレ場が途中にあって、そこはマムシが出るんですよ。だからマムシがいなくなった頃に入りました。季節ですか？　もう冬でしたかねえ、雪はまだありませんでした」

ガレ場をガシガシと踏みしめながら登っていると、遠くから音が聞こえてきた。

〝シャリーン〟

Kさんは足を止めて聞き耳を立てる。

〝シャリーン〟

「何だろう？　鈴？」

〝シャリーン〟

真っ昼間の森に響く音は聞き覚えがあった。

「ああ、錫杖《しゃくじょう》の音だわ」

山伏が手にする杖、錫杖である。山伏が地面を突くたびに錫杖の頭に付いた輪が音を立てているのだ。近くには山伏森と呼ばれる場所があるくらいで、実物が歩いていてもおかしくはないだろうとKさんは考えたのである。

しかし……。

「それがね、変なんですよ。山伏が歩いてくるような気配はどこからもしないんです。錫杖の音だけなんですね」

〝シャリーン〟

相変わらず聞こえてくる錫杖の音。しかしKさんは先ほどとは状況が変わってきたことに気がついた。音が徐々に大きくなってきたのである。

〝シャリーン、シャリーン、シャリーン〟

辺りに響き渡る錫杖の音、しかしいくら見回しても山伏の姿などどこにも無い。これは非常にまずい状況だと感じたKさんは這々《ほうほう》の体で傾城森を逃げ出したのである。

＊

Kさんが七ヶ宿町に移住して間もない頃の話だ。昼間でも静かな集落は夜ともなれば一層静かになるはずだったが……。

「そんなに遅い時間じゃないですけど音が聞こえてきたんですよ、裏山のほうから」

周りが静かになると気がつくという程度の音量だろうか。真っ暗な裏山から聞こえてきたのは宴会でもやっているような音だった。

「賑やかな感じでしたねえ。あれえ？　この裏にも集落があるんだなあと思いました」

いったい何の宴かは分からないが楽しそうな音が闇間から聞こえるのだった。

「地元のお年寄りにその話をしたら、集落があったのはあったけど随分と昔の話だって言うんです。今は何も無いって。じゃああれは何だったんですかねえ、わちゃわちゃと凄く楽しそうな感じはしたんですがねえ」

南蔵王・七ヶ宿町

友の帰還

登山者に単独行動を好む人と集団行動を好む人がいるが、山菜やキノコ採りでも同様である。何をするにも一人で奥山まで入る人もいれば、気の合う仲間との採集を楽しむ人もいるのだ。次の話は近年の出来事であり、関係者がご存命なので匿名とする。

七ヶ宿町で林業関係に従事するAさんは根っからの山人である。季節ごとに山の恵みを求めて縦横無尽に動き回る強靭《きょうじん》な肉体の持ち主でもあった。一人でどこまでも歩ける体力を持つAさんだが、キノコや山菜の季節はいつも友達と二人で山へ向かう。

或る晩秋のことだ。Aさんたちは集落の最奥へと通じる沢筋からキノコの宝庫である森を目指して登り始めた。まだ山の木々は完全には落葉しておらず、秋の名残が感じられる気持ちの良い日である。

「この前N沢のほうさ入った人方《ひとがた》が熊見たんだとよ。今年は多いなあ熊」

「ああ、山の生《な》り物が少ねえからじゃねえか。おらの畑のトウモロコシもやられてたぞ」

「それは熊か？　ハクビシンじゃねえのか」

「いやあ、熊の奴だあ」

作業道を登りながら話は尽きない。年齢は離れているが二人はウマが合うというのか、いつも楽しく山歩きをしている。

「ああ、そういえばよ。この前おめさに頼まれたあれなあ……」

先を行くAさんが少しばかり息を切らしながら話しかけたが返事が無い。聞こえなかったかと思い再び同じ話をしたが、やはり後ろの友達は無言。

「いや、この前の話なあ」

と言いながらAさんは振り向いた。

「あれ？　おい、どこさいる？　小便か、それとも大きいほうか？」

少し笑いながら近くの茂みに向かって声をかけた。しかし友達の姿はどこにもなかったのである。直前まで会話をして足音まではっきりと聞こえていたのだ。途中に滑落するような所もなく悪い冗談をする人物でもない。突然のことにAさんは途方に暮れるばかりだった。

その日のうちに消防団が本格的な捜索活動を始めたが、行方は杳《よう》として知れない。状況を知れば知るほどに不可解な話で、誰もが困惑を隠しきれなかった。しばらくして厳しい冬を前に捜索は打ち切られたのである。

それから四年経った或る日、渓流釣りに来た人が沢沿いに倒れている男性の姿を発見した。すぐに警察へ連絡が入り遺体は集落へと下ろされたが、見た人は一様に驚きの声を上げたのである。それはAさんの友達、あの忽然と姿を消した人だったのだ。

「いやあ、それが……不思議なんだよ。その人長いあいだ行方不明だったはずなのによ、とてもそんな風には見えねえんだ。凄く綺麗なんだよ、まったく傷《いた》んでなくて」

皆が驚いたのは遺体の状態だった。まるで二、三日前にそこで行き倒れたかのような姿はあまりにも不思議で信じることが出来ないのである。

「いやあ、あれは冷たい沢の深みに入り込んでいたから綺麗な状態だったんだあ」

地元民はこのように因果関係を述べる。しかし実際には沢の中ではなく沢の近くで発見されたことを誰もが知っているのだ。取り敢《あ》えず理由を付けないと気持ちが落ち着かないのだろう。しかしAさんは今でも納得していないだろう。そして友に聞きたいはずだ。

〝おめさどこに行ってたんだよ〟……と。

奥会津

マタギの体験

日本各地には〝奥〟を冠する地域が多くある。そんな〝奥〟の一つが福島県金山町《かねやま》だ。金山町でマタギとして熊を追う猪股昭夫さんに話を聞いた。

「狐に化かされたような話は聞いたことがありますよ。買い物に出かけた人がいつまで経っても帰らないんで探しに行ったそうです。そうしたらムクレ沢（木冷沢）沿いの道から下りて沢に入っていてね。死んではおらんかったですが、買ったはずのニシンの干物は無かったそうですよ。あと猟に行く途中で洞穴があるんですが、そこで寝泊まりをしとったら夜中に木がメリメリ倒れる音がするんです。変だと思って鉄砲を一発空に撃ったら静かになったとかね」

これらの話は全国各地でよく聞かれる狐狸話の典型的な例だろう。

猪股さんが若い頃に住んでいた大志《おおし》集落からは、只見川を挟んだ山中にフワフワと飛ぶ謎の光が見えたそうだ。

＊

「私が熊撃ちを教わったのは三条集落（現在は廃村）のマタギたちでしたなあ。そういえば巻き狩りに行った時に妙なことはありました」

それはいつもの猟仲間と三人で熊を探して山へ入った時だ。猪股さんが勢子《せこ》になり、後の二人がブッパ（撃ち手）になる手筈で猟が始まった。

ブッパの二人は先へ進み、尾根筋に陣取る。配置が済むと猪股さんが沢沿いに上流へと追い込んでいく。

「大体二時間程度かかる道のりで三分の二くらい進んだ時だったかなあ、急に無線が入ったんですよ」

その内容は実に不思議だった。

「おい、そっちじゃねーよ！　尾根じゃねーよ！」

少し苛《いら》ついた感じの無線は間違いなく仲間からのものだった。

「何？　何が尾根なんだよ？」

訳が分からず猪股さんは聞き返す。

「だからそっちじゃねーって、尾根じゃねーんだよ！　何で尾根歩いてるんだよ！」

猪股さんは沢筋を歩いているからこの無線の内容はちんぷんかんぷんだ。猟が終わり無線を発信した仲間に尋ねると、

「おめさ本当に尾根にいなかったのけ？　じゃああれは誰だあ？　間違いなくおめさだったぞ」

ブッパが配置について熊が来るのを待っていると、対面の尾根を歩く猟師の姿が見えた。誰かと思ってよく目を凝らして見ると、それは勢子のはずの猪股さんなのだ。なぜそんな所にいるんだと驚いて無線を取ったのである。もちろん猪股さんは尾根など歩いていない。最初の作戦通り沢筋を歩いていたのだ。

「そこには私たちしか入っていませんからねえ。あれは何だったのか？　その時、山から下りてきたら麓の集落で葬式やっていたんですよ」

普段なら気にも掛けないが、なぜかその時は葬儀の人たちに思わず声をかけた。

「そうしたら死んだ人が凄く山が好きな人だったって言うんで、ああだからあんなものを見せたのかと思いましたよ」

＊

猪股さんが熊の待ち伏せ猟に出かけた時のことだ。前日雪の中に埋められたカモシカを見つけた猪股さんは、それが熊の仕業だと考えた。熊にはこのように食べ残した獲物を埋める習性がある。執着心も強いため、かならずこの場所に戻ってくるだろうからそれを撃とうとした。

「午前三時半から山へ入って準備して待ったんですよ。その時もいつもの仲間三人でね」

山の中で熊が通りそうなルート上に三人が待ち伏せる。寒さをこらえて待つこと五時間、最下方で待つ仲間から無線が入った。

「何を歌ってるんだあ？」

またしても謎の無線である。

「えっ？　何て言った」

「今、良い気持ちで民謡歌ってたべ？」

「いや何も歌なんて歌ってねえって」

しばらく沈黙が続き、誰からともなく、

「もう今日はやめるべ」

何か嫌な感じがしたのだろう。三人は銃を納めると山を下りて合流した。

「下りてきたらそこの集落で葬式をやってたんです。この時も凄く気になって声をかけたんですよ」

関係者に話を聞くと、亡くなった人は大変に民謡が好きな人だったそうだ。

この時の配置はこうだ。ほぼ直線上に位置し、最上部に猪股さんがつき、残り二人がその下にいるが、猪股さんの歌声を聞いたのは一番下の人だった。確かに上から聞こえてきたとその人は言うが、真ん中の人にはまったく歌声など聞こえなかったのである。

「二人が山の中で私の姿見たり歌声を聞いてるんですよ。何か面白くないですよね。自分でも見たかったなあ」

ドッペルゲンガー（自己像幻視）は死のサインともいわれるから、自身では見ないほうがいいのかも知れない。

「キノコ採りに行く時に岩場があるんですよ。五十メートルくらいのへつりを通るんですが、もう背中がゾワゾワザワザワするんです」

へつりとは断崖という意味の方言である。

「最初に通った時に凄く嫌な感じがして二回目も酷《ひど》かった。三回目からは通りません。岩場を高巻きして越えていくようにしています」

このような場合は〝阿毘羅吽欠蘇婆訶《アビラウンケンソワカ》〟と真言を唱えて歩くのがマタギの流儀である。

「山の中で急に毛が逆立つことは時々ありますね。そんな時は獣が見ているんですよ。山の中で赤ん坊の泣き声を聞いたこともあります。その時はいったい誰がこんな所に赤ん坊を捨てたんだろうと思いましたね」

＊

猪股さんの奥さんも奇妙な声を聞いたことがある。

「まだ子供たちが小さい頃に野尻川の河原でキャンプをしたんですよ。テントを二つ張って私と子供たちが一緒に寝ていたのね」

夜中のことである。奥さんが川音を聞きながらウトウトしていると突然、

「おーい寝たか？」

と声をかけられた。

「えっと思ってね、テントから顔を出して見たんだけど誰もいないの」

聞き慣れた昭夫さんの声でない。少し嫌な感じはするが、子供たちのそばに戻った。しばらくすると、

「おーい寝たか？」

再び声が聞こえた。

「またテントの外見たけどやっぱり誰もいないのね。それからもう寝られなかったねえ。次の日、気になったから近所の人に聞いて回ったの、あそこは何かあったのかって。そうしたら前に大水で家が流された所なんだって。墓もすぐそばにあるって言われたの。ああ、だからかなって。凄く嫌な感じの声だったからねえ」

＊

以前金山町周辺には山伏が結構いたそうである。猪股さんが小学校時代の先生は突然教職を辞して山伏になった。その理由は訪問した家の中にどうしても敷居をまたげない家があって、それがなぜか分からない。理由をいろいろ調べるうちに導き出した結果が修験の道へ進むことだったというから驚きである。

また猪股さんのお父さんは子供の頃不思議な光景を見ている。出入りの屋根葺き職人が仕事をしていると軒先に巨大なスズメバチの巣を見つけた。複数回刺されれば命の危険もある

が、職人は慌てず騒がず巣に向かい、九字《くじ》を切り呪文を唱えたのである。

「そうしたら蜂が固まって動かなくなったそうですよ。その人は山伏でかなりの力を持った人だったんでしょうね。結局最後は大きな石を抱いて入水しました」

即身仏ではなく石を抱えての入水を選ぶとは如何なる心境だったのだろうか。

奥会津

会津の狐

会津若松市からは二つの路線が西へと向かう。只見線と磐越西線である。その只見線に沿うように位置するのが柳津町《やないづ》だ。この地域で五十年以上にわたり地元ガイドを務める平山栄一さんの話。

「山には一人でも行くし、山菜やキノコ採りにも入るけど、不思議な出来事は経験がないですねえ。狐ですか？　ああ、狐に化かされた話は聞きましたね、私の友達なんですが……」

六十年以上前の話である。友達は会津坂下《ばんげ》の酒屋の息子だった。或る日、彼は母親からお使いを頼まれ、買い物籠をぶら下げると近くの店へと向かったのである。そして帰り道、彼は自分がどこにいるのかまったく分からなくなってしまった。

「おかしい、何かおかしい。何で着かねえんだべ？」

もうかれこれ小一時間も歩いているのに一向に家に辿り着かない。さっきまで明るかった夕焼け空が急速に暗くなりつつあった。闇は心にも迫る。恐ろしさと不安で押しつぶされそうになりながらも必死で帰路を探し続けた。

「いやあ、かなり時間が経ってからようやく家に着いたそうなんです。そうしたら親から

〝おめ何してた〟って言われて家の人は凄く心配してたんでしょう。わずかな距離ですからねえ」

近所の店まで晩ご飯で使う油揚げを買いに行った少年は狐に化かされたのだと思った。そしてこの体験を封印したのである。気心の知れた平山さんに話をしたのは六十年後のことだった。

＊

「隣の集落の先生が行方不明になったことはありましたよ。冬でしたねえ」

先生は通勤に只見線を利用していた。駅を降りると坂を下って我が家へと向かうわずかな距離である。

「見つかったのは山のほうだったんです。ええ、死んでました」

先生はいつものように駅で降りた後、なぜか家とは反対側の山側へ向かった。そしてそのまま雪の中で息絶えていた。なぜそのようなことになったのかは、誰にも納得出来る答えは無い。ただ先生が揚げ物をお土産に持っていたから、狐にやられたと思った人もいたそうだ。

＊

町内で宿泊施設を営む女将の話。

「あれは知り合い三人とキノコ採りに行った時です。もう葉っぱは全部落ちていて明るくてね、山の見通しも良かったんですよ」

いつも入る山でいつものメンバーでいつものようにキノコを採っていると、突然自分がどこにいるのかが分からなくなった。辺りを見渡してもまったく見覚えのない地形なのだ。どこへ行けば良いのか、待ち合わせの場所すら見当がつかず途方に暮れる女将。結局仲間が探し出してくれたが、それまでの心細さは想像に難くない。霧が掛かっていたり雪があったりした訳ではない。もちろん疲れていたり、酔っぱらっていた訳でもない。それでも人は突然知らない空間に入り込むことがあるのだ。

「山へ入る前には手を合わせるようにしていますよ、この場所にまた返してくださいってね」

この女将の言葉こそが最も重要なのだ。いくら山菜やキノコをたくさん手に入れても家に帰れなければ無意味なのだから。

＊

西会津町に住む田崎敬修さんは若い頃に同僚の教員から不思議な話を聞いている。それは彼が南会津に赴任していた時の出来事だ。

当時まだ駆け出しの教員だった彼は山奥の分校で教鞭を執っていた。今と違い単身者用の宿舎が併設されているが何せ山の中、買い物一つするにも麓の集落まで出かけなければならない。毎日出かけることは出来ないから、週末に一週間分の食料を買い出しに行く必要があった。

或る日のこと、カブに跨って彼はいつものように麓の集落へ買い出しに出る。商店は本校のそばにあり、買い物がてら本校の関係者にも挨拶をした。数人で話し込んでいるうちに時間が過ぎるのを忘れ、気がつけば辺りは薄暗くなっていた。

「あれ、まずいな早くけえらねえと」

カブの荷台に食料を詰め込んだ箱を括り付けるとエンジンを掛けて山道を登り始める。曲がりくねったでこぼこ道はすでに暗くなり、カブのライトだけが頼りだ。漆黒の山道をうねうねと進んでいると、ポツンと光が見えた。

「あれ、なんだべ?」

カブを停めてよく見ると、橋の上のほうに光がいくつも連なって動いている。提灯《ちょうちん》行列が移動するような光だ。

「ああ、あれが狐の嫁入りって奴だな」

カブのエンジンを切ると、彼は静寂の中でその厳かな行列をしばらく眺めていたのである。嫁入りが無事に済んだのを見届けると再び山道を分校へと向かった。

「今日は面白い物を見たな、誰に話してやろうかな」

宿舎に着くと彼はそんなことを考えながら荷台から箱を下ろして驚いた。詰め込んだはずの一週間分の食料は跡形もなく消えていたのである。

「ああ、あの時、狐にやられたんだ！」

しかし珍しい物を見せてもらったから仕方がないかとあまり怒る気にもなれず、翌日再び買い物に出かけたのである。これは今から四十数年前の出来事だ。

＊

西会津町新郷地区の民宿の婆ちゃんの話。

「私の叔母さんが田んぼで働いておったんですよ。夕方、段々暗うなってきて田んぼの中を渡ってきよったら、目の前にぼーって火が出てね」

薄暗い田んぼの中に小さな火柱が上がる。それを見た叔母さんは恐ろしくて前へ進めない。向きを変えて歩き出すとまた目の前に火が上がる。それを除けるとまた次が燃え上がる。田んぼの中で右往左往しながらどれくらいの時間が経ったのだろうか、何とか道まで辿り着くと火は現れなくなったそうだ。

「あれは狐のせいじゃ言ってましたねえ。私？　私はそんなこと何もありません」

これも四十五年くらい前の出来事である。

飯豊山麓

飯豊連峰に潜むモノ

福島県、新潟県、山形県に跨る飯豊《いいで》連峰は巨大な山塊で雪深い所だ。子供の頃から数え切れないくらいに飯豊の山々に登ってきた斉藤義行さんは、西会津町役場に勤める傍ら登山道の整備や環境保全に汗を出している。

「私は特に山で怖いとか感じたことはありませんねえ。不思議というか奇妙なことは時々ありますがね」

山を知る斉藤さんは行方不明者の捜索に駆り出されることがよくある。以前西会津側から飯豊山に登った人が下山をしなかった。その人は山頂から下りる途中、最後の山小屋に泊まっている。小屋番と話をしてメールで状況を家族に送った後、そのまま行方不明になってしまった。

「そこからはそんなに複雑な地形じゃなくて、どちらかというと楽なコースなんですよ。天候も悪くないしコンディションはまったく問題無かったんですがね。ヘリも加わって探したんですが、結局何一つ見つかりませんでした。あれは今考えても不思議ですよ。あと剣が峰で滑落した人がいたんですが、それを真後ろで見ていた人がいたんです」

目撃者によると実に不思議な落ち方だったそうだ。足を踏み外した訳でもなく蹴躓《けつま》いた訳でもなく、音もなくすーっと吸い込まれるように消えていったらしい。しかし目の前で同行者が落ちるのはかなり辛い体験だろう。

＊

新潟県阿賀町は西会津町の西隣に位置する。阿賀野川沿いの麒麟《きりん》山は昔から狐火の名所ということで〝狐の嫁入り〟を町おこしにしている。そんな阿賀町で長年ブナ林の保全活動に励む渡部通さんの話。

「子供の頃は炭焼きの手伝いをよくさせられましたよ。弁当を持って山の中まで一人で行ったりして、でもそんなに怖いとは思いませんでしたねえ。その頃はまだ阿賀野川にダム（揚川ダム）が出来る前で、すぐ近くまで鮭が上がってくるんです。それを爺さんが引っ掛けて捕るんです」

或る秋の夕暮れ時、一仕事終えた祖父が川に下りて大きな鮭を二匹手に入れた。その獲物を両肩から背負うように担ぐと、麒麟山の尾根沿いにある我が家へと急いだが……。

「山の中を歩いていると担いだ鮭が急に重くなったそうです。ああ、狐が盗ろうとしてるなと必死で歩いて何とか集落の近くまで来たら、すっと軽くなって助かったと言ってました」

＊

阿賀町の中心、津川の街中に住む医者が往診で近くの集落へ向かった。今はトンネルがあるので苦労はしないが、当時は麒麟山を越える峠道しか無い。そこを自転車を漕いで向かうのはなかなか大変な道のりだった。

「あれえ、もう暗くなってきたべ。まあだ、けえってこねえのけ？」

暮れゆく空を見上げながら医者の妻は心配になった。いつもの往診ならとっくに帰っている時間である。

「遅すぎっからちょっと見に行ってくらあ」

そういうと彼女は提灯をぶら下げて麒麟山の峠へと向かった。暗い峠道をくねくねと歩いて登っていくと、頂上付近でバシャバシャと水音が聞こえてきた。

「なんだべ？」

彼女がその音のするほうに提灯を突き出すと、小さな池の中に誰かが入っている。近づいてよくよく見ると、それは医者だった。

「あんたあ、何してる！」

その声に顔を上げた医者はこう言った。

「自転車漕いで大汗かいて峠さ越えてたら、女の人が一風呂浴びていけって言うんだあ」

もちろんその辺りには家は無い。典型的な狐に化かされる話である。これは昭和の初めの出来事だ。

＊

渡部さんは東蒲《とうかん》自然同好会の会長でもある。飯豊連峰の生態調査に仲間たちと時々出かけるが、メンバーのAさんがその時に奇妙な体験をしたそうだ。

「調査は分散で行うんです。山に入ったらそれぞれの持ち場に別れて一人で植物や鳥の種類、数なんかを調べます」

或る日Aさんは調査現場に着くとノートを手に辺りを調べ始めた。木の周りを調べ、聞こえてくる鳥の声に耳を澄ます。毎回変わりばえしないいつもの調査だった。しばらくすると足音が聞こえてきた。足音から判断するとどうやら複数で山へ入ってきたらしい。

「何だろう？　山菜採りの人かな」

調査の手を休めてそのほうへ顔を向ける。

〝ガサガサ、ザクザク〟

茂みのあいだから出てきたのは数人の集団だった。先頭に大人、後に小学生らしい子供たちが続く。

「学校の人かな？　知らない先生だなあ、どこから来たんだろう？」

見ているとその集団はすぐ横に差し掛かった。Aさんは一瞬挨拶をしようかと考えたが出来なかった。なぜなら先生も生徒たちも誰一人Aさんに目を向けないのである。

「何だ？　この人たちは」

山で出会った場合、挨拶をしないほうが珍しい。ましてや生徒を連れた先生がこちらを見向きもしないとは奇妙である。

〝ガサガサ、ザクザク〟

遠ざかる不思議な集団を見ながらAさんは違和感を感じ、急いで後を追ったがどこにも彼らの姿は無い。

「おかしいな、まだ遠くには行ってないはずなのに……」

一言も話さない無表情の集団は忽然と姿を消したのである。

この出来事があまりに妙で、Aさんは気になって仕方がない。そこで知り合いの古老に話を聞くと、その場所で昔生徒と引率の先生が事故に巻き込まれて複数亡くなったことが分かった。言われてみれば服装も今風ではなかったし、それも違和感に繋がったのだろうと合点がいったのである。Aさんは世の中に不思議なことなどまったく無いと言い切る人だったが、この一件以来考えを改めたそうだ。

＊

少し前の話である。渡部さんは玄関先で〝おーい〟という呼び声を聞いた。

「朝でしたね、それは山仲間が来た時の挨拶なんですよ」

その山仲間とは渡部さんと共に東蒲自然同好会を設立した人で旧知の間柄。すぐに出迎えに行ったが誰もいない。

「あれ、おかしいなと思いましたよ。間違いなく彼の声でしたから」

不思議に感じながら居間に戻ると、ほどなくして電話が鳴る。それは仲間の死を知らせる連絡だった。渡部さんはタマシイの挨拶に〝律儀なあの人らしい〟と納得したのである。

飯豊山麓

何でも大きい？

阿賀町の役場に勤める江花一実さんは飯豊連峰を股に掛ける凄腕のマタギである。小学生の頃から地元マタギに連れられて兎狩りの猟場を歩いたというから驚きだ。

「まあ、熊狩りの準備段階なんですよ。それで実際に猟場に足を入れたんです。その時にヤマドリが近くから飛び出たことがありますねえ」

江花さんの足下から飛び出たヤマドリは少し離れた所に下りると雪の窪みに身を隠す。ゆっくりと近づくと江花さんは隠れているヤマドリを優しく包んで抱きかかえた。

「それを見た親方が驚きましてね、〝ああ、おめは山の神様の子供だなあ〟って言われました。中学生になって熊狩りに初めて行った時は誰よりも早く熊を見つけたもんだから、これが自分のやるべきことなんだと思いましたね」

江花さんが属する狩猟組は地元でも最強クラスの集団で、山へ入ればかならずといっていいほどに熊を仕留めてくる。抜群の体力と統率力を誇り、カンジキで雪山を延々と八時間も登り続けるのは普通のことだというから凄い。

三十年ほど前の春熊猟での出来事だ。いつものように厳しい山歩きの末、猟場へ辿り着いた江花さんたちは、それぞれに熊の姿を探して双眼鏡を覗いていた。江花さんも丹念に稜線付近を見つめていると、奇妙な動きをする物に気がついた。

「蛇なんですよ。それが凄く大きな蛇で、鎌首をぐ〜っと持ち上げたかと思うと尾根を越えて反対側へ消えたんです。大きさですか？　そうですね、胴回りはこれくらいあったんじゃないでしょうか」

江花さんが示した直径は軽く二十センチ以上はあるだろう。まさに大蛇であるが、不思議なことにほかのマタギたちはまったく素知らぬ顔で双眼鏡を覗いているのだ。

「あれ？　おかしいな、ほかの人には見えてないのかと思いましたね。みんな見ていると思ったんですが、誰も何も言わないんですよ。疲れていたから幻でも見たんですかねえ」

＊

これとは別に江花さんは巨大なアオダイショウにも遭遇したことがある。アオダイショウは大きな蛇と認識されているが、これは特別で直径が十センチ以上はあった。消防ホース並の太さである。近くでしげしげとその巨体を観察したが、餌を飲み込んで膨れているのではなかった。

「いやあ、飯豊連峰は植生が豊かなのか、大体何でも大きいんじゃないでしょうか。蛇は恒温動物ではないんですが、ベルクマンの法則（同種の恒温動物は寒冷な地域に生息する個体ほど体重が重い）が当てはまりますかねえ」

猟場に〝山の神様の木〟とみんなが呼称する水楢《みずなら》がある。古木で巨大な幹の周りにはこれまた巨大なマイタケの株がいくつも生えることで知られていた。収穫すれば三十キロ程度は手に入るだろう山の恵みだが、誰も採らなかった。それは山の神様のマイタケだから。

「それを採った人がいたんですよ。集落の人たちが絶対に採らなかったのにね。そうしたらその家がすぐに火事になってね、だから言わんこっちゃないって」

＊

江花さんの狩猟組が山へ入っている時のことだ。猟場へ着いて準備をしていると、仲間の一人が急に帰ると言いだした。そのようなことは今までに無かったので理由を問いただすと……。

「いやあ婆さんが今、迎えに来たって言うんですよ。それで山を下りていきました」

実際にその方の祖母が同時刻に亡くなっていた。携帯電話も通じない山の中ではタマシイの伝言が一番確実なのかも知れない。

飯豊山麓

山の現場

この話は泊まった民宿に長逗留している人から聞いた話である。彼は各地の工事現場を渡り歩いてきたベテラン作業員で、この時も二月《ふたつき》ほど飯豊の山で仕事をしていた。

「あれは静岡県の山ん中だったなあ。現場で時々〝カーン〟って音がするんだ。ガードレールに何かが当たるような感じだったよ」

あまりに頻繁に〝カーン〟が聞こえるために、気味が悪いし何より実に嫌な感じなのだ。しかしこの音はほかの人には聞こえないらしかった。あまりに不気味な感じがするので元請けにそれとなく尋ねると、意外な答えが返ってきた。

「あそこには悪霊がいるって言うんだよね、元請けが」

その悪霊とは道の横を流れる沢にいるらしく、元請けは一度お払いをしているのだという。実際に現場を見に行った彼は払い切れていないと思った。

「まだそこにいるんだよ。侍だったね、落ち武者なのかなあ」

子供の時に交通事故で死にかけて以来、彼は〝見える〟体質になっていて、「今まで自由に沢から出入りしていた侍がガードレールに邪魔をされて怒っている」というのである。自分には存在は分かるがお払いが出来る能力は無いからどうしようもない。結局、件《くだん》の悪霊はそのままらしい。

＊

埼玉県の秩父でダム工事に入っていた時のことである。或る現場で小さな事故が立て続けに起きた。こういう場合、元請け側は大変神経を使うが最後はやはり神頼み、自分たちで祭壇を組んで簡単にお払いをして難を逃れようとした。

「いやあこれじゃ払い切れてないなあと思ったよ。何でか？　だって子供の声がそこら中ぐるぐる回ってたからね。その後仲間に言ったんだ、落下事故が起きるぞって」

落下事故はすぐに起きた。小さな事故も相変わらず続き、さすがにこれはまずいと思った元請けは三峯神社から神官を呼んで正式なお払いをする。この時、彼に異変が現れた。

「みんな並んでお払いを受けていたんだ。そうしたら凄い汗が出てきて、周りの連中もお前どうしたって聞くんだよ、一人だけ大汗かいてるんだからな。もう気持ちが悪くてやめてくれって叫んだくらいだよ」

結局お払いが済むと彼の状態も普通に戻る。現場の状態も良くなって事故は起きなくなったそうだ。

＊

彼は三重県山中の宿では寝ている時に金縛りに遭った。動けない体の上に何者かがのし掛かり首を絞めてくる。必死で戦い何とか窮地を脱したが、翌朝、鏡に映った自身の姿に驚く。首にははっきりと手の跡が付いていた。

この時は同行者にも不思議なことが起こる。山の中で突然、

「やめろよ！　何すんだ！　あっちいけ」

と激しく足を振り回している。しばらくして落ち着いた同行者が足をまくって見せると、みるみるうちに手の跡が浮き出たのである。その人は何かに足を摑まれて必死で振り払おうとしていたのだ。

「山にはいるよ、いろいろな物がよ。でもねえ俺は守られていると思ってるよ。和歌山の現場でよ、後ろから声をかけられたことがあるんだ。立ち止まって振り向いたけど誰もいないのよ。おかしいなと思ってたら、すぐ目の前の木が倒れてきたんだ。あの時そのまま歩いていたら間違いなく当たっていたからなあ」

＊

一緒に話を聞いていた民宿のオーナーが口を開いた。

「私はあんまりそんな話は信じないほうだけど藁人形なら見たことがありますよ。集落の氷川神社の大きな杉の木に打ち付けてあったんです。〝○○死ね〟って書いた紙が貼ってあったんです。○○ですか、私の名前なんですがね」

オーナーが小学生の頃、学校に五寸釘の打ち込まれた藁人形が届けられた。神社のご神木に打ち付けられていたのを見つけた人が持ってきたのである。オーナーはそれを先生から見せられたそうで、実際に打ち付けられていた木も確認しに行った。

「それが小学生が打てる高さじゃなかったですね。あれは大人ですよやったのは。心当たりですか？　ありましたね。僕は酷いいじめっ子で同級生のランドセルを川に放り投げたり酷いことをよくやったから。たぶん二度放り込んだ奴の親じゃないかと思うんですよね」

しかし小学生で藁人形に釘を打ち込まれるとは滅多にあることではない。これについて父母は〝お前が悪すぎるからだ〟とまったく意に介さなかった。しかし祖母だけは凄く怒っていたそうである。

「名前書かれて藁人形に釘打ち込まれたけど何ともなかったですよ。まったく変わりませんでしたね」

悪さは少しも収まらなかったらしい。元気すぎる子供である。

Ⅲ　背中合わせの異界

飛騨・東白川村

不幸のツチノコ？

各地を回っていると、最近噂にも聞かなくなったのがツチノコだろう。一時期ツチノコブームとも言えるような盛り上がりを見せたが、今の若い人は知るよしもない。或る地区では生体捕獲または死体でも一億円の賞金を出すそうだ。これは、どうせいないのだから景気の良い数字を提示しただけの話である。

岐阜県の東白川村は〝ツチノコの里〟の大看板を揚げている。村中にツチノコに関係する情報があふれ、ツチノコ館なるテーマ館まで造られているから凄い。そのツチノコ館でベテラン猟師たちに話を聞いた。

「ツチノコはいっぱいおったよ、この辺りには。わしも子供の頃に見とるからなあ。かくれんぼをしよったら足下になんかおってなあ、それがツチノコよ」

とにかく、村中至る所にツチノコの姿があったというのだ。実際に見た人の名前がずらりと並ぶ資料を見せてもらったが、その数の多さに驚く。しかし最近はほとんど見ないらしい。

「あれはか弱い生き物やな。やっぱり造林が進んで杉林ばかりになったやろう。餌になるような生き物が減ってしもうたからなあ」

東白川村に残る最古のツチノコの記録は寛政年間のものだ。〝野槌《のづち》〟という表記で記録されている。見回りに来た代官が休んでいると、すぐそばに見慣れない生き物が現れる。地元の顔役にいったい何かと尋ねると、それは〝野槌〟という生き物だと言うのである。日本各地でさまざまに呼称されるツチノコの名称の一つが〝野槌〟なのだ。

「昔はなあ、ツチノコ見ても他人には絶対に言わなんだな。そんなこと言うたらまあ不幸になる言うてなあ。病気になる、事故に遭う、怪我する、家運は傾く、それやから絶対に口にはせなんだなあ」

何と、ツチノコは災厄をもたらす存在だと考えられていたのだ。それが変わったのは一九八八年（昭和六十三年）十一月の出来事がきっかけである。村内でツチノコを見たという人が役場に届け出ると公式な発表がなされた。それを聞いた村民は一様に驚く。

「何だ⁇　ツチノコのことしゃべってもええんか？　ならわしも見たぞ！」

私も見た、俺も見た、僕も見たと堰を切ったように目撃談が語られ始めたのである。もちろん話をした人に何の災厄は起こらなかった。ツチノコに関するタブーが崩壊したのである。

＊

二〇二一年（令和三年）九月末にツチノコの死体を見たという連絡がツチノコ館にもたらされた。岐阜県大野町でジョギング中の夫妻がツチノコとしか思えない謎の死体を発見する。しかしジョギング中でスマホも持っておらず、写真を撮ることは出来なかった。後日あれはツチノコに違いないと考えた夫妻は、二時間以上かけてツチノコ館まで出向く。そして事の詳細をしたためたメモを手に報告してくれたのである。この数年はまったく情報が無かったから関係者は色めき立った。すぐに地方紙に連絡して記事になったようである。ただ情報をもたらした夫妻は名前も告げずに去ったため、後追いの調査は出来なかったそうだ。

但馬・豊岡

笑う鹿

兵庫県豊岡市の岡居宏顕《ひろあき》さんは市の有害鳥獣対策員として熊や鹿、猪の生息調査を行っている。獣の姿を追い、年中山の中を歩き回る山のプロである岡居さんの話。

「時々山で場所が分からんようになるんですよ。そうするといつの間にか鹿が集まってくるんです」

森の中で自身の位置が曖昧になった時に、かならずといっていいほどに鹿が顔を出すそうだ。

「あれは単独で姫路の夢前《ゆめさき》の山へ入った時です。森の中で迷っていたら鹿が自分の周りを囲んでいるんです」

心細い人をまるで励ますかのように鹿が集まってきたのだろうか。

「いや、違いますね。〝なんやこいつ、何しとんねん？〟って感じでね、笑うんですよ」

「笑う？」

「にやっとしてね、それからケラケラ声だして笑うんです」

道に迷った人をまるで馬鹿にしたように笑う鹿。岡居さんは鹿の嘲笑を浴びつつも必死でルートを探す。やっとの思いで方向が分かると、笑っていた鹿たちはどこへともなく去っていった。

＊

「東床尾山《とこのお》の谷で一人で寝とったんですよ。その時は周りをぐるっと囲まれましたね。足音や鳴き声からしたら二十頭くらいいて、これは桐野（旧出石《いずし》町＝現豊岡市）周辺の群やと思いました」

鹿たちは岡居さんを囲み、〝ピーッ〟と鳴いて威嚇したり〝ケラケラ〟馬鹿にしたように笑うのである。自分たちがここでは優位に立っているとでも思っているのか、まるで鹿の宴会場のように夜の谷は賑やかだった。

しかし……。

「朝起きて何頭くらいおったんか周りをくまなく調べたんですが、鹿の足跡一つありませんでした」

＊

岡居さんはこのようになぜかよく鹿に囲まれるが、不思議な声にも山中でよく遭遇する。それは五年前のことだった。旧竹野町（現豊岡市）の鬼神谷《おじん》へ数人の猟仲間と有害駆除で入った時である。谷沿いに巻き狩りの布陣を敷き、一番奥の滝の所へ岡居さんと先輩が配置された。

「若手二人が遠い所に行かされたんですよ。私が滝の下で向かって左側、先輩は滝の上のほうで向かって右側にいました。滝はそれほど大きくはないんですが、水音で獲物の気配はよく分からないんです。それで間違いがあると困るから、お互いが手を振って自分たちの位置を確認し合いました」

巻き狩りが始まってしばらくすると、岡居さんは誰かが話す声を聞いた。耳を澄ますとそれは中年の女性のようである。巻きの中におばさんが入り込んだのか？　岡居さんは無線を取ると注意を促した。

「すいません、人の声聞こえてますんで気をつけてください」

猟場に人が紛れ込むことは珍しい話ではない。場所によっては山菜やキノコ採り、トレッキングの人たちを見かける。その場合は無線で全員に知らせて間違いが起きないようにしなければならない。この時も結局いったん巻きを解除して安全を最優先したのである。

「調べたんですが結局誰も入った形跡は無いんですよ。車も我々以外には見当たらんし、それに一番奥の滝の場所まで普通の人が入るとは思えませんでした」

しかし、この時におばさんの話し声を聞いたのは岡居さんだけではなかった。滝の上に陣取っていた先輩も聞いていたのだ。

「後から先輩と話を付き合わせたら同じ内容なんですよ。どうも地元のスーパーの話をしているんです」

「地元のスーパーですか？」

「そうなんです、〝サトウ（スーパー名）の特売日には昼間より夜行ったほうが店長さんが安うしてくれる〟みたいな内容なんですね。それが五分くらい聞こえてたんです。不思議なのは聞こえてきた方向が私と先輩とではまったく反対なんですよ」

同じ方角を向いて獲物を待つ二人だが、岡居さんは右側から、先輩は左側からおばさんの声を聞いていた。少し早口で不思議な口調のおばさんの正体は結局分からない。

＊

別の猟場では無線に不思議なやりとりが流れた。

「女の子入ってるでぇ。いったんやめてやあ」

「そんなアホな！」

「ほんまやて、女の子がおるんやて」

もちろん女の子が一人で歩き回るような場所ではない。帰りの車の中で先輩猟師がぽつりと漏らした……。

「たまにあるんだよねえ、あういうのがさ」

但馬・豊岡

演歌おばさん

岡居さんは猟師であり山の生態系を調べる観察員でもある。猟期以外にも山を歩き回り、鹿や猪、熊などの調査をしている。二月の厳冬期、東床尾山へ冬眠中の熊の観察へ向かった。一日中歩き回り、夜は尾根筋でビバークするがテントは持参していない。

「山には二メートルくらいの積雪があるんですよ。でも尾根筋は風が吹くから雪は少ないんです」

その少ない雪の中で灌木《かんぼく》の茂みに潜り込んで夜を明かす。体温の低下にさえ注意すれば大丈夫と岡居さんは言うが、とても常人には真似は出来ないだろう。

「十八時くらいには寝るんですが、時々目が覚めると誰かが話をしているんです。どうも女の子が二人らしい。一人はまだ小さい子で、もう一人は少し大きい感じのハスキーな声でした」

いったいこんな場所で何を話しているのだろう。不思議に思った岡居さんは耳を澄ます。

〝だから、あの時さあ〟

〝うん、うん〟

〝スズメがね〟

〝そうだよねえ、スズメがねえ〟

スズメがいったいどうしたのか非常に気になるが、このような会話がずっと聞こえたそうである。

＊

岡居さんは山の中で突然名前を呼ばれたことがあった。それは尾根筋を黙々と歩いていた時である。

「〝ひろあきー〟って呼ばれたんですよ。あれは母親の声でしたね。右上のほうから聞こえたんですが、なぜか私は左側に顔を向けたんです」

振り向いたほうに見えたのは黒い塊だった。熊が音もなく跳びかかろうとしている。

「その時はああ、やられたなと思いました」

しかし気づいたのが早かったせいで熊の襲撃を間一髪で避けることが出来たのだった。

＊

山中で岡居さんが聞く声は非常にバリエーションに富んでいて面白い。しかし尾根筋や谷間でのみ不思議な声が聞こえるという訳では決してない。

「十年ほど前にここへ引っ越してきたんですよ。その日ですね、誰かが歌を歌っていたんです」

どこからか聞こえてきたのはおばさんの歌声である。はて、いったいどこから聞こえるのか？　不思議に思いながら聞いていると、どうやら演歌らしい。それも矢切の渡しを気持ちよく熱唱しているのだ。

「最初は近所から聞こえるのかと思ったんです。でもいろいろ調べたらそんな感じの住人は近くにいないんですよ。年寄りばかりですからね」

おばさんの歌声が聞こえるのは昼間が多いが、たまには夜歌い出すこともあった。その歌声を注意深く探ると、どうやら家の中から聞こえるようなのだ。

「母屋と作業場のあいだ辺りですかね、聞こえるのは。それが凄く気持ちよさそうに歌うんですよ。だから怖いとかそんな気持ちにはならないんです。妻も〝うちに住んどるおばさん〟って言うくらいですから」

しかし岡居さんの母親や飼い犬は感じ方が違い、歌声のする辺りを怖がったりワンワンと吠えるのである。いったいどのような因縁があるのか岡居さんは近所の人に尋ねて回ったが、結局誰もそのような話は知らなかった、ただ一人を除いては。

「大家さんが嘘のつけない人なんですよ。引っ越す時に家にムカデが出るかどうか聞いたらしどろもどろで、ああ出るんやなと分かりました」

その正直な大家さんに演歌おばさんの件を尋ねると、いきなり黙り込んでしまったそうである。どうやら大家さんも気持ちの良い歌声を聞いたことがあるらしい。

中国山地

棺桶と火の玉

中国地方の背骨に当たるのが中国山地で高い山はあまりない。また四国山地のように険しい地域も少なく、どちらかというと穏やかな顔をしている。しかし日本最古の製鉄から始まり、多くのたたら場が存在した山々なのである。

各地の山間部でかならず聞くのが埋葬方法である。奈良県山間部での谷へ置き去りにする最も原始的な葬り方から土葬、そして火葬と時代による変化はあるが、埋葬という生活に欠かせない行為には逸話が付き物だ。

鳥取県若桜《わかさ》町の坂本司良さんは子供時代に結構とんでもない経験をしている。

「よう友達となあ、肝試しをしよう言うて、燃やしよるのを見に行ったもんよ」

この燃やしているのは仏さんである。もちろんインドのように遺体を薪の上に乗せて焼くバーベキュースタイルではない。簡素な座棺に押し込み、周りを薪と藁で覆って火を点ける野焼きは当時一般的だった。或る日、野焼きが行われるという情報を得た坂本さんは友達と見物に出かけたのである。

「ごうごう燃えとったでえ。そうしたら〝バチッ〟て棺桶破って足がバーンと出てきてなあ。

おお、婆さんが怒りよるでえ言うて大騒ぎじゃあ」

棺桶を締めてあるタガが焼けて弾け、それと同時に仏の足が飛び出たのである。

このように以前は怖いもの見たさで野焼き見物する人は少なくなかった。燃え盛る炎の中に立ち上がる仏を見て腰を抜かす人もいたのである。好奇心旺盛の子供にとっては絶好の見学対象、騒がしかったはずで婆さんが怒るのも無理はない。

＊

毎度のように見物をしていた坂本さんはふと閃《ひらめ》いた。

「そういやあ金歯はどうなるんかいな？」

ひょっとしたら焼き場に落ちているのではないかと考え、金歯をしていそうな仏が焼けるのを待ち構えたのである。ワクワクしながら骨上げが終わるのを待ち構えた。誰もいなくなったのを確認して焼き場を懸命に探ると、案の定《じょう》小さな金塊を見つけたのである。

「今日は儲かったいうてなあ、美味しいもんを食べに行きよった。もう時効じゃなあ、ガハハ！」

＊

なんとも豪快な坂本さんは一度火の玉を見たことがある。それはお父さんが亡くなった時の焼き場（当時は野焼きではなく火葬場）だ。

「三時か四時頃から焼き始めて終わったのが夕方やったかなあ。見上げたらふわふわ飛んどるもんがあって、ああ親父やなあって思ったで」

お父さんの金歯がどうなったかは不明である。

中国山地

神様と呪いの木

若桜町の西隣、八頭《やず》町の郡家《こおげ》にはかなり力のある拝み屋がいたらしい。拝み屋とは森羅万象の困り事などに答えてくれる謂わば庶民の神様的な存在である。

「ああ、あの人はよう当たったみたいやけどなあ。ありゃあインチキじゃいう人もおったけどな」

坂本さんはその人が行方不明者の居場所を言い当てたことを思い出してくれた。

「町内の若い人やったなあ。おらんようになって散々探したんやけど分からんのや、どげしとるんか」

思い当たる所は何度も探し、万策尽きてしまった縁者は郡家の神様を思い出した。国道沿い建つお世辞にも綺麗とは言えない神様の家を訪ねると一部始終を話したのである。しばらく目をつぶり、神様は口を開く。

「○○地区の何々の家の中におるぞ」

ピンポイント、あまりにも具体的すぎて縁者は逆に戸惑うが行くしかなかった。

「そこは空き家やったんやけどなあ、おったでそこに」

「生きていたんですか？」

「いやあ、家の片隅で死んどった」

＊

若桜町と境を接する岡山県の西粟倉《あわくら》村で、二十年ほど前に幼い姉妹が行方不明になったことがある。一月半ばの夕刻に姿が見えなくなり、すぐに捜索隊が組織されたが、土砂降りの雨はいつしか激しい雪に変わり、村民の焦りは募った。姉妹の変わり果てた姿は旧東粟倉村（現美作市《みまさか》）の山中で猟師が三週間後に発見する。急斜面の杉の木の根元に二人寄り添うように横たわっていたそうだ。

「あれは何であんなことになんたんかなあ。かなりきつい所でなあ、ちっさい子が登っていくとこ違うけど。藪で入るのも苦労するでえ、あそこは」

事件性は無いと判断されたが、村民の中には神隠しだと思う人もいるそうだ。

「そん時になあ、おる場所を聞きにいったらしいなあ」

「郡家の人ですか？」

「おう、確かそうやなあ」

「結果はどうだったんですか」

「大体の場所は当たっとったらしい」

西粟倉村と若桜町は一部接しているが山間部で人の行き来は昔から少ない。それでも藁にもすがる思いなのか郡家の拝み屋の力を借りようとしたのである。

＊

氷ノ山《ひょうのせん》でヒュッテを経営する人に話を聞いた時にも郡家の拝み屋が登場して驚いた。山仲間が忽然と姿を消し、必死で探したが手がかりすら掴めない。そこで最後の手段と頼ったのが拝み屋だった。登りそうな地域の地図を出してどの辺りにいるのかを訪ねると、

「そこにはおらん！」

「えっ？　おらんのですか」

「おらん！　どこぞの女とコーヒーを飲んどる姿が見えるけえ、そこにはおらんのじゃ」

あっという間に結論が出てしまって山仲間はしばし呆然とする。

「何や、あいつが女と逃げたいうことか？　そんな馬鹿な」

この拝み屋の能力をどう評価するかは人それぞれだろう。しかし鳥取と岡山の県境エリアではかなり力のある人と認識されていたようだ。

＊

山人には切ってはいけない、または切ることの出来ない木という存在がある。日本各地で聞く話で若桜町にもあるそうだ。それは国道二九号線沿いの木で、工事に伴って伐採する計画が持ち上がったが……。

「工事を始めようとしたら立て続けに事故が起きて怪我人がようけ出てなあ。これは切れんいうて工事は中止じゃ」

「それは何の木だったんですかね？　欅《けやき》とか桂《かつら》の木ですか」

「あれは、メタセコイアだな」

てっきり樹齢数百年の如何にもな古木がやらかすのかと思いきや、何とメタセコイアである。生きた化石といわれる、戦後に日本に持ち込まれた樹種なのだ。この当時で樹齢五十年程度だろう。成長の早い木であり道路工事の邪魔になっていた。

「結局、木を切ったのはあれが死んでからやったなあ」

あれとは郡家の拝み屋のことだ。メタセコイアは拝み屋の家の真ん前に立っていたのである。役場や工事関係者は、災厄をもたらすのは木そのものではなく拝み屋だと考えていたらしい。そこで拝み屋が死ぬと、すぐにメタセコイアを切り倒したのである。もちろん無事故で怪我人も出なかった。

西粟倉村にも切ってはいけない木がある。塩屋地区の浄水場近くにある小さな石塔の周辺だ。以前、伐採作業に入ったところ事故が頻繁に起きて怪我人が続出した。それ以来、石塔周りの木は切らない。実はこの石塔、グーグルアースで確認が出来るのだ。実際に見ると分かるが、何の変哲もないごく普通の石塔と杉林である。

中国山地

悪いモノ

旧東粟倉村には岡山県最高峰の後山がある。ここには修験の場があり、日本でも今や二か所となった女人禁制の地だ。

長年役場に勤めていた向原伸一さんの話。

「入会地《いりあいち》って分かりますか？　山の中に地区の共有林があるんですよ。そこの管理はみんなでせんといかんのです」

或る年の夏のことである。共有林の下草刈りで集落の人たちが山へ入った。

「十人くらいでしたかね、現場へ着いたら三人おらんのですよ。最初はすぐに来るやろう思うてたけど来んのですよ」

いつまで経っても来ないので作業を始める。そろそろ昼食にしようかという時間になって三人が到着したが……。

「いやあ、それがおかしいんですわ。どこを歩いておったか分からんようになった言うんですよ」

よく知った地区で山のベテランが揃って道迷い。真夏の朝、悪天候でもなく疲労ももちろん関係ない。それでも三人は迷ったのである。

「この話はねえ、当事者しか知らんでしょう。誰にも言いませんでしたから」

＊

東粟倉最奥の後山地区に住む朽山《とちやま》邦宣さんは母親から聞かされた話を覚えている。

「私がまだ小さかった頃に母親が私をおぶって里帰りしたことがあったんです」

後山地区から県境を挟んだ兵庫県旧千種《ちくさ》町（現宍粟《しそう》市）へ歩いて山を越えるのが当時は当たり前だった。小さな子をおぶっての峠越えは楽ではないが、実家へ向かうのは楽しみである。歩き慣れた峠道を進む母親の足がぴたりと止まった。そこは二股の分かれ道で、いつもは何も考えずに右へと進むのだが……。

「その時はね、こっちへ行くと何か悪いことが起きると感じたらしいですわ」

母親はいつもとは違う道を選び、かなり遠回りをして無事実家へ帰り着いた。山の中の悪しき存在を山人はよく感じるようで、各地で似た話を聞いた。同じ中国山地では、島根県の山間部を二人連れで歩いていると一人がぐるりと遠回りで進む。奇異に感じた同行者が後でその行為について尋ねると、

「いや、あそこに悪いモノがいたから……」

怖がらせてはいけないという配慮からか悪いモノの正体は教えてもらえなかったそうだ。

土佐

優しい狸

四国には狐がいないと聞いたことがある。弘法大師が狐をすべて追い払ったのだというから、彼らはよほどの悪さをしたに違いない。実際のところは四国山中に狐は存在していると地元猟師が証言しているが数は少ないそうである。そんな狐とは逆に存在感を示すのが狸だ。

高知県北部に位置する大川村は人口三百五十人程度で、離島を除くと全国でも指折りの人口の少ない自治体である。かつての中心部は四国最大の早明浦《さめうら》ダムの底に沈んでいるが、大渇水の時に亡霊の如く姿を現す旧役場庁舎が有名だ。水底に沈まなかった大北川地区の近藤久寿長さんに話を聞いた。

「ありゃあ中学校の頃やったき。近所の山師がのお、雨が降ると山で火をあかしよる言うてな怖がるんじゃき。聞いたらそりゃあさむしい（怖い）もんじゃ」

雨が降るとなぜか或る場所が明るくなると山師（林業関係者）が怖がる。正体不明の火が雨の中で燃え上がっていると言うではないか。それを聞いた近藤少年は震え上がった。しかしどうしてもその正体を突き止めたいという好奇心のほうが勝っている。火が出た次の日、彼はその場所へ向かい近辺を探し回ると、

「ほだ木がいっぱい捨ててあって、それが腐りよるんよ。そこをこう掘ってみたら青い火ぃが出てのぉ」

腐った木から発生する何らかの物質が謎の火の正体だという。しかしそれではまったく説明の付かない火の話を大藪地区の伊東喜代澄さんがしてくれた。

「あれは子供の頃やったですねえ。川を挟んだ対岸の斜面にぽつぽつと火が見えるんですよ。それがこう繋がって上のほうから徐々に下がってきよる。集落中の人が見とりました。狸がやっておるんですがあんまり怖くはなかったですねえ」

狸が光を見せる、それも繋がっていくつも光を見せるとは初めて聞いた。まさに〝狐の嫁入り〟ならぬ〝狸の嫁入り〟である。不思議な狸火以外では、よく墓から火の玉が出たらしい。当時は土葬であり、このような例は全国各地にあった。仏を埋葬するのはかなりの重労働で、若者がやらざるを得ない。何と伊東さんは三十回以上も仏を埋葬したそうである。

＊

大川村の或る小学校で女の子が忽然と姿を消した。それは或る秋の日、平家平《へいけだいら》という所へ遠足に出かけた時のことだ。昼食の弁当を食べ終えてみんなで一緒に遊んでいたはずの女の子が見当たらなくなったのである。少ない児童数なのですぐに気がついた先生たちが探し始めたが、どこにもいない。それから村を挙げての捜索活動が始まるが、二日経ってもなんの手がかりも無かった。秋も深まりだした標高一六〇〇メートルほどの地点は氷点下まで冷え込んでいる。三日目の捜索が始まる頃には諦めの声も聞かれるようになっていた。

「いやあ、もう駄目やないか？　食べ物も持っちょらんきに……」

必死で探し回る村人たちの体力も限界に近づきつつあった。

「おったあ‼　おったぞ〜」

突然山々に響き渡る雄叫びに全員が顔を上げた。行方不明だった女の子は藪の中で丸まった姿で見つかったのである。無事を確認された女の子の周りに皆が集まってきたが、その姿に誰もが驚いた。

「何やようけ毛がついとる」

「犬の毛やないんか？」

一人がその毛を手にとって見ると、

「狸やな、これは狸の毛や」

「狸？　そんなアホな」

確認すると確かに女の子の体中にたくさんの狸の毛が付いているではないか。そこで皆が改めて見つかった場所を確認すると、明らかに狸がいた形跡があった、それも複数の。

「狸が何匹かで温めてくれたんやろなあ。お陰で死なんで済んだんやろ。不思議なこともあるもんやき」

村人たちは口々に狸が守ってくれたと噂したが、当の女の子はまったく覚えていなかったのである。これは昭和三十年代半ばの出来事だ。

土佐

山師の体験

高知県の東部に位置する馬路《うまじ》村はゆずの里として近年有名である。県内では大川村に次いで人口が少ない自治体で、ダムがあることもよく似ている。九割以上を森林が占めるこの村で長年製材業を営んできた小松博さんの話。

「子供の頃は森林鉄道に乗って下の街の歯医者に行ってましたねえ。林業の景気が良いときは車検のたびに車を買い換えよったですよ」

国内林業が活況を呈していた時代、多くの人が山で働いていた。伐採、育林、運搬、製材、活気ある村内には映画館もあったそうだ。

「材木を運んどった運転手がね、山の中で変な光を見た言ってましたね」

それは薄暗くなりかけた林道をのろのろと下りている時のことだ。つづら折りの狭い道、ふと目を前方の斜面に転じると光が見えた。

「ありゃ、上がってくるんか？　どこですれ違うかいな」

ちらちらと見えるのは車のライトに違いない。こちらは材木を満載したトラックだ。すれ違いはかなり厄介な作業である。少しでも道幅の広い所はどこかと考えつつ運転をしていたが、結局そのまま集落へ下りてきてしまう。対向車はどこへ行ったのか？　もちろん途中に脇道などは無い。

「あれは不思議やったぞってその人はずっと言ってましたね。狸の仕業ですか？　いやそんな話は聞きませんねえ」

＊

「ああそういえば造林の組で不思議な道迷いはありましたよ」

或る年の初夏のことだ。作業のために山へ向かった造林チームが突然どこにいるのか皆目分からなくなってしまう事態に陥る。ベテランも含めた数人のチームで毎日同じ場所へと入り作業をしていたのだ。それなのに誰も自分たちの居場所が分からない。手分けして散々探し回り、ようやくその未知の場所から脱出した時には全員が胸を撫で下ろしたのである。連日通っていた現場が突然見慣れぬ山へ変わるのは屈強な山師でも恐ろしいだろう。

＊

「太さがこれくらいの蛇は見たことがありますよ」

小松さんが手で示したのは、ビール瓶ほどもあるまさに大蛇だ。そいつが県道を歩く小松さんの前に立ちふさがった。真っ黒な体色でずんと鎌首を持ち上げて威嚇する姿に恐怖を覚えた小松さんは、ゆっくり後ずさりしながらその場から逃げ出したのである。

土佐

川にエンコ、山にはへんど

高知県の四万十町《しまんと》は四万十川沿いに点々と街がある。四万十川へと流れ込む谷筋にはこれまた小さな集落が点在するが、以前はどこも山仕事の拠点として栄えた。その一つ中津川の小野川小萩さんに話を聞いた。

「この下の川でウナギがようけ捕れよったぞ、昔は。今はおらんけ。私もウナギ捕りが好きやったき、コロバシ（ウナギ捕りの道具）を仕掛けよった。夕方やき仕掛けるんは、それを朝引き上げる」

ウナギ捕りが大好きな小萩さんは或る晩、コロバシをたくさんぶら下げて川へと下りていった。川の流れを見ながら今日はどの辺りに仕掛けるか考えるのは楽しい。冷たい川にざぶざぶと足を突っ込んで薄紅の水面に大きな波紋を起こした。何個かコロバシを仕掛けたところで小萩さんはふと顔を上げる。

「あれ誰かおるんか？」

少し離れた岩の上に座っている影が見えた。薄暗闇の中でそれが誰かははっきりとしない。

「誰やろか……」

しばらく見つめていた小萩さんは跳び上がって驚くと、そのままコロバシを放り投げて川から一目散に逃げ出したのである。

「何ですか、それは？」

「エンコじゃき」

「エンコ？」

エンコとはカッパのことだ。各地でエンコやエンコウと呼ばれ、ここ四万十川周辺ではカワウソのことだともいわれている。自他共に認めるハチキン（男勝り）の小萩さんでもこれには驚いたそうで、以来一人でウナギを捕りに行くことはしなくなったそうだ。

＊

小萩さんが子供の頃は辺りを山伏が歩き回る環境にあった。すぐそばの尾根伝いに白装束の山伏たちがホラ貝を吹き鳴らしながら山の霊場へと向かう姿が見える。またボロボロの法衣を纏った山伏なのか物乞いなのかもよく分からない人物が家に訪れた。

「あれは怖いぼんさんや。へんどさん言うやき。あれが来ると怖《こ》おうて怖おうてな、家の隅に隠れよったきの。親が〝へんどさんやぞ、へんどさんに連れていかれるぞ〟言うもんやき」

周辺にはさまざまなへんどさんが来たようだ。ほとんど食べ物を恵んでもらうだけの人からきちんとした身なりの回峰行の人まで多彩である。

「玄関先で小鍋を差し出して飯を入れてくれ言う、入れたら味噌をくれ言うて食べよった」

施しを受けるだけではなく住人のリクエストに答える場合もあった。

「ミツバチが巣箱からおらんようになって祈禱してもろうたら戻ってきてな。あれは偉いぼんさんや言いよったき」

字の読めない人が新聞を持ってきて読んでもらったりと、集落の人たちとは交流があったようだ。ただ子供にはやはり怖い存在だったらしく、その点は後述する宮崎県椎葉《しいば》村の〝きゃあぼう吹き〟と共通している。

＊

小萩さんの夫は何も怖がることの無い剛胆な人だったそうだ。或る晩のこと、親戚の相談事で下の集落へ向かった夫が遅くなっても帰らない。いったいどうしたのかと小萩さんが心配していると、夫が家に飛び込むように帰ってきた。顔色が変わりぶるぶると体の震えが止まらない。

「何とも太い声がしたそうなんやき。〝ぎゃあああああ〟いうなあ。今はトンネルがあろう、そこの旧道でぐねぐねした道があって、そこのウロ淵？　ウド淵やったか、そこの所や。物凄い〝ぎゃああああああ〟いうんを聞いたら寂しゅう（怖く）なって体が震えだしたきの」

この世に怖い物など存在しないという剛胆な夫が、体の震えを抑えることが出来ない。しかし何とかここから逃げないと……そこで夫は大声で闇に向かって叫んだ。

「人間は万物の霊長なりぃいいい！」

それで勢いが付いたのか、走って家まで逃げてきたと小萩さんに話した後、震えはしばらく止まらなかったそうである。窮地に陥り真言や念仏を唱えた人の話は各地で聞いたが〝人間は万物の霊長なり〟とは……。

この後、〝ぎゃああああっ〟という謎の絶叫は近隣の山々で頻繁に聞かれるようになった。誰もがそれを聞くとぶるるっと身震いして寂しく（恐ろしく）なる。しかしその正体が分からず皆困り果てた。そこで集落を挙げて盛大なお祀りを催し、謎の絶叫を鎮めたそうだ。

＊

四万十川沿いのうどん屋で働く女性の話。

「私の家は四万十川に繋がる谷の集落だったんです。家のすぐそばに綺麗な川が流れていて、そこで遊んでいた時に〝コダマ〟を見たことがあります。

「〝コダマ〟って、あの〝コダマ〟ですか？」

「そうですね、もののけ姫に出てくるあんな感じでしたよ。目と口があって横向くと口がぱくっと開いているんです。三歳くらいの時ですね。私は双子で姉妹共に見ていたんです。今でもその時の話をすることがありますよ。あの時〝コダマ〟がいたねって」

双子姉妹のそばに複数の〝コダマ〟たちがなにやら話していたそうで、それは別段怖いモノでも恐ろしい存在でもなかった。四万十川の周辺の山には、エンコがいたり〝コダマ〟がいたり謎の絶叫が響いたりとなかなか賑やかだったようである。

土佐

山の呼び声

四万十町に住む菊池未来さんは夫婦で鍛冶屋を営んでいる。現在は四万十町在住だが、未来さんの出身は青森県の鰺ヶ沢《あじがさわ》町だ。故郷青森の山ではいろいろなことがあったそうだ。

「私の弟は山が好きなんです。特に野鳥が好きで一人でよく山の中に入って写真を撮るんですよ。不思議な経験はよくしていたみたいですね」

或る日のこと、弟はいつものように山の中でテントを張って野鳥が訪れるのを待っていた。風も無く穏やかな日和である。望遠レンズを突き出したテントの穴から見える景色には心落ち着く。仮に良い被写体が現れなくとも気持ち良く一日が過ごせるのは楽しいものだ。

「おーい」

鳥の姿を待つ弟の耳にかすかに声が聞こえた。

「おーい」

誰かが呼んでいる。

「おーい」

テントの中で耳を澄ますと、確かにそれは人の呼び声だった。

〝誰だろう？　こんな所に人がいるのか。山菜採りの人でも入ってきたのかな？〟

首を捻りながら弟はテントを出ると辺りを見渡した。

「おーい」

やっぱり誰かが叫んでいる。これは山菜採りの人が迷っているのだと確信した弟は、その声の方向へと歩き出した。テントを張った場所から少し行くと手入れのされていない杉林があり、その横のほうから声が聞こえる。

「おーい」

鬱蒼とした茂みの中からは相変わらず呼び声がする。弟は藪をガサガサと掻き分けて入り込む。しばらくすると目の前が開け、小さな箱のようなものが見えた。

〝何これ？　祠《ほこら》？〟

藪の中にポツンと小さな祠があった。弟は斜めになって今にも倒れそうな祠を覗き込む。

「おーい」

呼び声はその祠の中から聞こえていた。

「ここは非常にまずいと思った弟はテントを片づけて逃げ出したんです」

＊

「彼は山の施設で働いている時も妙なことがよくあったそうですよ」

弟が働いていた施設には宿直業務があった。或る晩のことである。一人で泊まることに特に恐怖心など無いが、この日は少し様子が違った。

〝ジャシ、ジャシ、ジャシ〟

ベッドに潜り込んでいた弟の耳に聞こえてきたのは誰かの足音である。施設の周りに敷き詰められた砂利石を踏みしめる音なのだ。

「誰か来たのか？　いやこんな時間に来る訳がない」

人ではないなとこの時点で確信した弟はじっと様子を伺った。相変わらず施設の周りを〝ジャシ、ジャシ〟と何かが歩き回り、そのうちにどこかでドアを〝バタン、バタン〟と開け閉めする音が聞こえてきた。

「何だ、これは？」

不気味ではあるが、いつまでも続く騒音に少しずつ腹が立ってくる。そして今度は、

〝ピンポン、ピンポン、ピンポン〟

真っ暗な玄関先で連続するチャイム。

〝ジャシ、ジャシ、ジャシ〟

〝バタン、バタン〟

〝ピンポン、ピンポン、ピンポン〟

本来静かなはずの山の中。弟の我慢は限界に達してついに叫んだ。

「うるさーい!!!」

その瞬間すべての音はぴたりと止んだのである。

集落には不思議な習慣があった。人が亡くなると四十九日のあいだ、玄関を閉め切らないというのである。

「戸は少し開けておくんです。その時に死んだ人の靴を揃えていつでも出ていけるようにします。でもこれは男の人の場合で、女の人が死ぬとお勝手口を開けて割烹着を置くんですよ」

タマシイが家の中に留まっているあいだは戸を少し開けるが、出ていけばすぐに閉めて靴も片づけるそうだ。この時かならずしも四十九日がきっかけとは限らない。それ以前にも出ていくのが分かれば戸は閉める。

「分かるんですか？　出ていくのが」

「父の時も今出ていったからって母が閉めました。私には分かりませんでしたけど」

かなりの確率でタマシイが出ていくのは分かるらしい。もちろん誰も気がつかない場合はあり、その時は四十九日を境にするそうだ。

＊

「私の祖父が死んだ時は犬がずーっと家のほうを見ているんですよ」

それは飼い犬ではなかった。昔はほとんどの犬が放し飼いで自由に集落を歩き回っている。

そのうちの一匹が未来さんの家へ頻繁に顔を出していた。

「どこの犬かは知らないんですけど、祖父がその赤毛の犬を凄く可愛がっていました。縁側からおやつをよくやってましたね」

毛色からアカと呼ばれた犬は祖父のことが大好きだった。祖父が亡くなった後も顔を出し、じっと見つめていたのは縁側である。いつも祖父が座っておやつをくれた場所なのだ。

「アカはしばらく家に来ていましたが、祖父が靴を履いて出ていったら来なくなりました」

祖父のタマシイが半開きの玄関から出ていったのが分かったのか、アカは二度と姿を見せなくなったのである。

＊

タマシイは出ていくだけではなく、時に挨拶にも訪れる。未来さんが子供の頃の出来事だ。母親が勝手口から誰かが入ってきてすぐに出ていくのを見たことがある。青いヤッケの小さな後ろ姿に見覚えがある。母親はすぐに知り合いに電話をすると、今しがたその方は亡くなったばかりだった。

「相手が凄く驚いて、〝なして分かった？〟って言ったそうです」

北東北ではタマシイやカミサマに関する話が今も多い。特に青森県は色濃く感じられる興味深い地域である。

九州中央高地

騒ぐ水

九州本土には一八〇〇メートルを超える山は無く、山岳地帯のイメージがあまり湧かない。特に長崎県北部出身の身にとって、山とはせいぜい六〇〇メートル程度の認識しかないのだ。しかし熊本、宮崎、大分に跨る九州山地は、標高こそ高くはないが、かなり複雑な地形で急峻だ。さすが平家の落人伝説が残るだけのことはある。

熊本県の水上村《みずかみ》は人口二千人程度の山里で、その昔はほとんどの住民が山仕事で生計を立てていた。村の中心部にダムが出来て集落は三分割され、今に至っている。現在でも山仕事は基幹産業で、毎日山へ通う人が多い。最近、水上村では山中の一軒家がテレビ番組で取り上げられたが、もともとは家が数軒集まった地域だったのである。

＊

水上村のベテラン猟師で釣り師でもある木嶋幸利さんに話を聞いた。

「親たちはよう火の玉の話ばしよったですねえ。私は小学校の所に火がぽっぽっぽと光るのは見ました。狐火ですか？　ああ、そうかも知れんですねえ」

木嶋さんが子供の頃は山が遊び場であり、魚や小動物の捕り方もすべて先輩のガキ大将から教わった。肥後守《ひごのかみ》タイプの小さなナイフは必携で、それがないと玩具も罠も作れない。小さな頃から山人としての知恵を学んでいたのである。

「山に入るでしょう、そうすっと急に髪の毛が立ち上がることがようあっとです。ぞーっとする言うんですかね」

「そんな時はどうするんですか？　呪文を唱えるとかお経を読んだりするんですか」

「いやあ、そうじゃのうてお願いみたいなもんですかねえ。〝山の神様か川の神様かは存じませんが、私は釣りが楽しみで来とるだけです。ほかのことは一切しませんから勘弁してください〟言うんです。そうしたらすっと楽になっとですよ」

この〝ほかのこと〟とは山菜採りや猟のことである。今日は魚釣りで来ただけで、そのほかはしないから許してくれという意味らしい。これについて村内で猟師民宿を営む小川龍一さんの話を繋げる。

「言訳《ことわけ》言うんですよ。まあ言い訳ですねえ、〝お願いですからここば何もせんと無事に通してください〟言うんです。髪の毛がどーんと立つような所でね」

阿仁マタギたちが頻繁に唱える阿毘羅吽欠蘇婆訶《アビラウンケンソワカ》のような汎用性の高い文言は無い。個人個人が思い思いの言い訳をするのが水上村流らしい。

＊

木嶋さんに話を戻す。

「昔は山仕事ばする人の寝泊まりする小屋があったとです。そこで夜中、水の音が凄かったことはありましたよ」

今と違い林道が発達していない時代、奥山での作業は泊まり掛けが普通だった。東北の山間部でも山菜やキノコ採り、または狩猟用の小屋を建てて数日過ごすのは当たり前である。

「夜中にばしゃばしゃ凄い音がして何やろかて見に行ったら、風呂の水が暴れておるんですよ」

小屋の外に置いてあったのはドラム缶風呂だ。その中の水が凄い勢いでばしゃんばしゃんと大騒ぎである。ドラム缶自体は静かなのに、なぜか水だけが騒ぐ実に不思議な光景だった。

「あい（あれ）は何やったとですかねえ。あとで見たら中の水がドロドロなんですよ、脂みたいな感じで。あと母親は集落の茶畑でとっくり蛇ば見たとは言いよりました」

とっくり蛇とはいわゆるツチノコだ。この話は全国を賑わしたツチノコ騒動以前である。

木嶋さんによれば山の中でたまに〝おーい〟と呼ばれるが、その時に返事をしてはいけないそうである。

＊

これと似た話を村内で美術ギャラリーを営む小松慎平さんがしてくれた。

「ホイホイ言う声が聞こえることはありますね。あれは遠くなったり近くなったりして不思議なんです。カッパじゃ言うんやけど」

小松さんが中学二年生の頃、近所の友達とアケビを採りに行った時だ。たくさんのアケビを採った帰り道、あの不思議な〝ホイホイ〟が聞こえてきた。

「それを聞いとったら何や頭の中がぼーっとしてくるんですよ。そうしたら一人が〝カッパじゃあ〟大声で言い出してもう必死で逃げました。気がついた時には持っとったアケビは全部無かったですねえ」

この時逃げ帰った友達の一人は高熱を出して一週間学校を休んだそうだ。

ギャラリーのそばにはホイホイ広場という名の公園がある。名称の由来はもちろんカッパの鳴き声？　ホイホイに由来する。それほど水上村ではカッパのホイホイが馴染み深いのだろう。四国山中でも同様にカッパがホイホイ叫ぶ話を聞いた。どちらも平家の落人伝説のある山間部、平家とカッパには何か縁があるのだろうか。

＊

「山にはよう行きますけどね、絶対に行けない場所はありますね」

「それは何か嫌な気持ちがするとか、そんな理由ですか？」

「壁のあっとですよ、ふっとか岩（巨岩）の壁ですね」

小松さんがどうしても行けない場所とは球磨《くま》川の源流域である。アプローチは複雑ではなく山に慣れた人ならば労無くして行けるはずが、なぜか行けないというのだ。

「いつももう少しのところで岩があって、それが完全に壁なんです」

ルートの間違いかと何度も確認したが、そのようなこともない。山仲間に聞いてもルートは正しいのだ。同じように岩はあるが、そこを回り込むと先へ進めると皆が教えてくれた。

「回り込もうとしてもやっぱい出来んとですよ、完全に壁なんですね。何回か行ったですけどもう諦めました」

このようにどうしても辿り着けない場所の話は過去にも聞いたことがある。単なる道迷いなのか、それとも本能的に行くことを体が拒むのかは分からないが、山ではそう珍しい出来事ではないようだ。

＊

「この辺りでは春と秋の彼岸の中日には山へ行くなと言いますねえ。山の太郎と川の太郎が入れ替わるから、その時には行くなと」

小松さんが言う山の太郎と川の太郎とは、つまり山の神のことらしいがはっきりとしない。この点について猟師民宿の小川さんにも聞いた。

「山の太郎と川の太郎が中日に入れ替わる言いますねえ。そん邪魔ばせんごという意味でしょうか。私の父親は彼岸の中日に山に入って大怪我ばしたとですよ。そいで中日には絶対山へ入らんごとというのが親父の遺言になっとります。こいは子や孫にも言いよりますよ」

この彼岸の中日の話、隣の西米良《にしめら》村で興味深い進展を見せる。

九州中央高地

人魂が飛び交う村

西米良村は宮崎県だが、人的また経済的交流は熊本県の水上村のほうが盛んだ。買い物や通院はもちろん、婚姻関係も多々ある。

「結婚して西米良に来たとですよ。こっちは山の迫っとるでしょう。何か空の狭う感じて憂鬱やったです。今でもそがん感じっとですよ」

水上村から嫁いできた女性の話だ。山里である水上村から見ても、この西米良村は山深く感じるらしい。

村内ではカリコボーズ橋やカリコボーズの宿と、カリコボーズなる名称を冠した施設が目に付いた。村のパンフレットには精霊という言葉があるが、山の神ではなく精霊とはいったいどのような存在なのだろうか。

＊

西米良村では近年まで本格的な焼き畑農業が行われていた。焼き畑とは山の木を切った後で火を入れて焼き払い、その急斜面に畑を作る世界的にも古い農法である。奥山にも焼き畑地があり、以前はそこに作小屋という施設を建てて仕事をしていた。小屋とは言っても本格的な造りの家屋であり、一年のほとんどをそこで過ごすのである。子供の頃、この作小屋で育った黒木敬介さんの話。

「村の中心にも我が家はありました。でもそこに下りてくるのは盆と正月くらいでしたかねえ。作小屋の周りで焼き畑を小学生の頃まではしておりました」

黒木さんが育った作小屋の周りには生活に必要な物が全部揃っていた。だから集落の中にある家（地元の人はこれを本家と呼んでいる）に帰る必要が生じなかった。また作小屋はあまりにも奥にあるために、とても通えなかったのである。しかし例外は通学だったと黒木さんが言う。

「小学校までは八キロあって毎日歩いて通いました。作小屋は本当にポツンと一軒家でしたよ。電気は無かったですね。私の毎日の仕事がランプのホヤ磨きでしたから」

黒木さんは作小屋で夜、謎の光を見ている。

「作小屋の下に小さな田んぼがあったんです。その横に山の神がいるっていう大きなイチイガシの木があって、そこから山のほうへびゅーって青色の光が飛んでいったんです。山と山のあいだに大きな赤い光が長い尾を引いて飛んでいくのも見ました」

この謎の光り物は隣の水上村でも多くの人が見ている。どちらの村でも人魂《ひとだま》と呼んでいるが、ごく普通のことであり、特に怖がる人がいない。人魂が飛ぶのは当たり前だと誰もが口を揃えるのだ。

村会議員を務める浜砂勝義さんからも光り物の話を聞いた。

「私の父はカンメラ（上米良）のほうへ夜一人で歩いていっとったら川の上流から大きか人魂の飛んできたのを見た言うとりました。ずーっと周りが明るうなったそうです。自分も二回ほどは見とりますかねえ」

＊

それは浜砂さんが中学生の頃、親戚の人たちと三人でマモ（ムササビ）撃ちに出かけた夜のことだ。夜中のムササビ猟は阿仁マタギで言うところのバンドリ猟である。漆黒の森の中、月明かりを背景にムササビの姿を見つけて発砲する夜間猟で、現在は禁止されている。ムササビは毛皮が高価で取引され、かつ肉が美味いことで猟師には人気があった。月明かりの無い場合はライトで照らし、反射する目玉を目標に発砲する。浜砂さんたちが行った猟はこのやり方だった。

「叔父さんが柿の木の上にいた大物を撃ち落としたとですよ。そいから少し行った所にふっとか杉の木（杉の巨木）のあっとです。そこばライトで照らしたら目のギロギロしとる」

感じからしてこれまた大物のようだ。慎重に銃を構え発砲した。

「いやあ、そいが落ちてこんとです、二発三発続けて撃っても。そがん高か場所じゃなかとです。木の下のほうで枝も邪魔にならん所なんです」

外すほうが難しいくらいの位置では相変わらずギロギロと目が異様に輝き続けている。もちろん星や人工の明かりではない。あまりの出来事に三人は震えが止まらなくなる。

「こりゃカリコじゃ言うてみんなで逃げ出しました」

カリコ……これはいったい何者なのだろうか。

九州中央高地

カリコボーズの森

西米良村には古くからカリコボーズやセコボーズと呼ばれる何かがいる。村のパンフレットでは可愛らしい悪戯《いたずら》ボウズとして描かれているが、実体はそうでもない。浜砂さんが体験したカリコボーズの悪さは先ほどのムササビ猟以外にもあった。

「あれは少し前のことやったですね。ああ、ちょうど春の彼岸です。一ツ瀬川沿いの道ば車で走りよったとです」

夕暮れ時、狭い道を親子三人が乗った車は走る。いつものようにハンドルを握る浜砂さん。

〝ギャアアアアアアアアアッ!!〟

物凄い絶叫が突然山側から運転席の浜砂さんに襲いかかる。全身の毛が一気に逆立った浜砂さんは車を止めると後部座席を振り向いた。

「おい、今んとは何ね？　物凄かったばい」

「えっ、何？　何かあったと？」

「いや、今の叫び声が聞こえんかったとや？」

全身を振るわすほどの絶叫が後ろに座っていた奥さんにはほとんど聞こえていなかった。

かすかに声らしきものを聞いたに過ぎない。

「いやあ、物凄かったとですよ。尋常じゃなか〝ギャアアアッ〟でしたけんねえ。そいが後ろは少ししか聞こえんかったたって言うとです。そん時は友達の車がすぐ後ろから来よったとけど、その人はまったく何も聞いとらんでした。あいはカリコの仕業やと思いますねえ」

＊

黒木敬介さんも謎の絶叫に襲われたことがあるが、やはりカリコボーズのせいだと思っている。

「カリコボーズの通り道があるとですよ。そこば通ったら〝ギャアアアアッ〟って大声の聞こえたり鍋ば被らされてガ〜ンって叩かるっごとなっとです」

「通り道ですか？」

「そうです、カリコボーズは山から下りて川に入るとです。そこで川の神ですかねカッパになっとですよ。そいで秋の彼岸にはまた山に戻っとです。十年くらい前にも川の中の石の上にカッパのおったとですよ」

水上村で聞いた彼岸の中日と山の神、川の神＝水神の話がここでよりはっきりとした。山の神が川へ下りて川の神（水神、カッパ？）となる。これは山の神が春先に下りてきて田の神になる話とよく似ているのだ。西米良村ではこの上り下りの時に尾根伝いにカリコボーズが移動すると考えられている。そこをたまたま通りかかると大絶叫に見舞われるというのだ。

九州中央高地

悪意無き悪戯

カリコボーズが山と川を行き来する存在だということは分かった。この川とは支流ではなく本流のことで、通り道となるのはそこへ続く尾根道だと誰もが口を揃える。

「カリコの通り道には切った木や枝を置くな言いますねえ。作小屋の風呂もカリコが入ってドロドロに臭くなるから、かならず蓋ばせんばって親に言われました」

浜砂さんから聞いた風呂がドロドロになる話は、水上村の暴れる風呂水の話と一致するではないか。西米良村ではカリコボーズの仕業で、水上村では犯人は正体不明なのが不思議だ。またカリコの通り道には家を建ててはいけない。建てるとカリコが時々その家を邪魔者あつかいしてゆっさゆっさと揺するのである。これについては黒木敬介さんが面白い話をしてくれた。

「役場が昔の尾根筋にあっとですよ。ちょうど川まで繋がっとるんです。だから時々揺するっとですよ役場は」

地図で確かめると確かに役場は一ツ瀬川の本流沿いにある。カリコボーズが川へと向かう最終地点辺りに役場が位置するらしい。カリコボーズの悪戯現在進行形が役場なのだ。黒木敬介さんはお爺さんから聞いた話もしてくれた。

「うちの爺さんは山仕事ばしとったんです。そん時にはおかしかことがようありよったらしかです」

爺ちゃんが山で一人仕事をしていると人の話し声が聞こえてきた。

「おーい」

と呼ばれたので声のするほうに行ってみたが……。

「追いつかんのです。ずーっと声のするほうに行くとやけど全然追いつけんとですね。あと爺さんは山師の歩き回る音もよう聞いたそうです」

この場合の山師とは同業者である。

「腰によき（小型の斧《おの》）と鋸《のこぎり》ばぶら下げて歩いておるから、〝カタカタカタカタ〟そいのぶつかる音が聞こゆっとです、足音と一緒に。ああ、だい（誰）か来よったいねと思ってそっちば見ても何も見えん。音しかせんって言いよりました」

山の中ではほかにもさまざまな謎の音が聞こえた。大木がどーんと切り倒される音を聞いた人は何人もいる。また木馬道《きんまみち》から一気に木を落とすような〝ドドドドッ〟という轟音が聞こえることも珍しくない。家の近くで夜中に大木が倒れる音にびっくりして飛び起きた婆ちゃんもいた。これらはすべてカリコボーズの仕業だと誰もが口を揃える。しかしそれが人命に関わったり凶兆という訳でもないので特に気にはしていないのが面白い。カリコボーズは西米良村の住民に愛されているのだろう。

話を聞くうちに、西米良村の出来事は秋田県の阿仁で聞く話とよく似ていることに気がついた。阿仁の場合は狐や狸がやらかすことを、ほぼそのままカリコボーズがやらかしているのだ。村の婆ちゃんが山のほうへ草刈りに行くと大勢の人が登ってくる気配がした。集落の者たちかと声をかけると〝ホイホイ〟と呼ばれ、そのまま奥山に消えてしまう。また夜中の山中で多くの人がわいわいと騒ぐ声が聞こえるが、いったい誰なのかは皆目見当がつかないのである。

*

民宿の女将から聞いた話。

五十年ほど前、お父さんが買い物に出かけ、当時住んでいた山の家へ戻る途中で一服した。しばらくの休憩の後、はたと気がついた。すぐ横に置いたはずの買い物包みが無いのだ。中には塩鯖《さば》が数匹入っていたのに。

「あいはカリコボにやられたとって父の言いよったですね」

この手の話は、阿仁では間違いなく狐の仕業になるのだ。水上村でも似た現象は若干あったが、カリコボーズという名称が無いためか、あやふやな出来事として捉えられているようだった。

*

村中の人が知っているカリコボーズの悪戯で最も有名な話を一つ。九州山間部では夜神楽《よかぐら》が行われる地域が多い。西米良村でも恒例の年末行事である。その神楽の舞手たちは時期が近づくと練習と禊《みそ》ぎを欠かすことがない。夜中、八幡宮に集まった舞手たちは夜の闇に紛れて川へ向かい、禊ぎをするのである。この時には絶対にその姿を他人に見られてはいけないのである。もしも誰かに見られたら禊ぎは不成立となり、再び八幡宮まで戻り最初からやり直さなければならない。

或る夜のことだ。八幡宮に集まったその年の舞手たちは車がやって来る音を聞いた。

「だいね（誰だ）今頃？ 区長さんが焼酎でも持ってきたとかね」

車が止まるとドアがバタンと閉まる音が聞こえた。しかしいくら待って誰も入ってこない。変だと思って外へ出たが、誰もいないし車も止まってはいなかった。

また或る晩、舞手が八幡宮の中で稽古の準備をしていると、いきなり社の戸がすーっと開いたのである。誰かが来たのかと皆が顔をそちらへ向けたが誰も来ず、静かにすーっと戸が閉まった。もちろんすぐに確認したが、人の姿はどこにも無かったのである。その後が少し騒がしくなる。閉まった戸を突き抜けて人魂が飛び込んできたのだ。社の中をグルグル飛び回る人魂に舞手たちは腰を抜かしたのである。

九州中央高地

きゃあぼう吹き

交通の便が悪く医療設備も整っていなかった頃の山間部では、日常的に神仏が必要とされてきた。僧侶や神主がさまざまな悩み事や病気平癒のために種々の祈禱を行ったのである。神社仏閣の関係者以外にも村の神様的な存在、いわゆる霊能者を頼る場合も珍しくなかった。もちろん祈禱やお札を飲み込んでも病が良くなる訳ではない。それでも人々は頼らざるを得ない環境だったのである。

このように神社仏閣は地域に根付いた存在だが、それ以外にも山里には流れてくる者もあった。山伏である。

九州山間部も六十年以上前には頻繁に山伏が歩き回っていた。宮崎県椎葉村で唯一焼き畑を行っている椎葉クニ子さんは子供の頃のことをよく覚えている。

「子供の頃はきゃあぼう吹きが怖おぅて怖おぅて。〝ぼぇぅぅおう〟いうてねえ、そりゃあ怖かったばい」

きゃあぼうとはホラ貝のことで、それを吹きながら家々を回って幾ばくかの施しを受ける山伏が怖かったというのである。

「くわんじん（勧進、同じく山伏のこと）が来るやろう、家に男の人がおったらお金ばやっと。女の人しかおらん時は米やヒエばやっとよ。お金に触ってよかとは男の人だけやったけんねえ」

御年九十六歳になるクニ子さんは耳が少し遠い程度で体は達者だ。体が丈夫なのは、怖てしょうがなかったあのきゃあぼう吹きのお陰だとクニ子さんは言う。

「私が頬ばれ（おたふく風邪）に掛かっとったら、きゃあぼう吹きの来て〝名前は何ていうとか？〟って聞いてさ。クニ子って言うたら、そいはいかんから〝イトエ〟にせんばって。そいやけん私は二つ名前のあっとよ。この近所の人はイトエしか言わん。クニ子は役所関係の人だけたい使うとは」

以前、栃木県の湯西川のマタギも幼少期に旅の山伏から改名を勧められて、それ以来九十過ぎまで元気に山を歩いていると話していた。クニ子いやイトエさんの場合はどうだったのだろう。

「名前を変えてから元気ばい。周りの子供たちの流行病《はやりやまい》で倒れても私は何ともなか。寝小便もせんごとなったと。わっはははは！」

＊

水上村や西米良村でも山伏のことを覚えている人はいた。彼らはその訪問者を〝もらいぼう〟と呼んでいる。各家を貰いながら歩くから〝もらいぼう〟なのだ。乞食坊主と呼ぶ人もあったが彼らは決して単なる物乞いではなかった。

「もれ坊（もらいぼう）は時々来ておりましたよ。比叡山で修行をした言っとったですねえ。物凄く達筆で、うちにあった先祖代々の家系図の内容を教えてくれました。和歌も詠むような人でしたなあ」

これは大分県旧中津江村（現日田《ひた》市）の古老の思い出である。このように九州山間部ではあまり山伏とは呼称されず、〝もらいぼう〟だの〝きゃあぼう吹き〟と軽い扱いだが、決してただのホームレスではなかった。それなりの知識を持ちながら修行の身として山から山へと旅をする僧である。冷たく追い返す家もあったが、一夜の宿と幾ばくかの金を与え歓待する山人も少なくなかった。彼らは一人で山を歩きながらいったい何を見たのか、話が聞けたらさぞや面白いことだろう。

山怪拾遺

山怪は何でも狐のせい？

「また狐の話だよ」

『山怪』の読者からよくこういう声を聞く。確かに自分でも書きながら同じように感じる訳で当然だろう。しかしながら取材先で狐の話が多く出るのは事実で、それをバサバサ切り捨てることも出来ないのだ。狐話には微妙な差異があり、そこを粗末に出来ないと思っている。

狐狸は行動範囲が里に近く、最も馴染みがある動物だ。奇妙な出来事に遭遇した時にその原因にするにはうってつけなのだろう。それが親から子へ、そして孫へと語り継がれ、何かあるとするとすぐに狐狸だなと判断する訳だ。

これをバカげた話と一蹴するのは簡単だ。しかしそれでは自分が体験した奇妙な出来事の原因は分からないままである。それでは困るのだ。山人はまた明日も山へ入るのだから、謎のままでは落ち着かない。原因が狐狸なら少し安心できる。本気を出せば人間のほうが圧倒的に強いからだ。こうして不思議な出来事は取り敢えず狐狸のせいにするのだ。

＊

西目屋村でマタギ兼ガイドである小池幸雄さんが学生時代に奥羽山脈の冬季縦走を行った時のことだ。或る山頂付近で女性の集団に出会いしばらく歓談をする。その後、里へと下りた小池さんは地元の人たちの宴に加わった。

「驚いたのは山頂付近で女の人の集団と会ったことですかねえ。みんな凄く元気でしたよ」

この話をした途端、地元民の顔色が変わり、水を打ったように静かになった。

〝何か変なことでも言ったかな？〟

小池さんは場の雰囲気が一変したことを訝しんでいると、年配の人が口を開く。

「おめさ、それは狐だ。この時期にあんな所さ入る女がいる訳ねえのしゃ。それは狐だ」

狐に化かされた男が今、目の前にいる。いやひょっとしたら狐が憑いたままかも知れない。そんな警戒感が辺りに漂っていたのだ。

「そこにいた人は全員がそれは狐だって言うんですよ。でもねえ、私はその狐と文通もしてるんですがねえ」

小池さんが出会ったのは東京の女子大生でバリバリのワンダーフォーゲル部員だった。東京に帰った彼女たちとは手紙のやり取りもしている。

信じられないことはすぐに狐狸のせいにする。条件反射的な思考は場合によっては都合がいい。ただしこの話のように現実の女子大生までも狐にしてしまうこともある。世の中に不思議なことなど何一つ無く、すべて説明が出来るという人もいるが、それと同等で柔軟性に欠けるのではないだろうか。

山怪拾遺

狼を探す男

一九〇三年（明治三十六年）に捕獲されたのを最後にその姿を消したニホンオオカミ。絶滅と認定された後も山奥での目撃談や遠吠えを聞いたと言う人は多い。各地での山怪取材でもそのような事例を数回書き留めた。

〝幻の〟といった形容がぴったりのニホンオオカミ、その姿を追い求める人は多いが、撮影をしたとなるとただ一人しかいない。新潟県旧堀之内町（現魚沼市）出身で、現在埼玉県に住む八木博さんである。

「自分が見聞きしたものを信じられなければ、いったい何を信じるって言うんですかね。私は実際にニホンオオカミの遠吠えも聞いたし、その姿も見ているんです」

秩父山中に自動撮影のカメラを複数仕掛け、ニホンオオカミの姿を八木さんは追い求めている。

「子供の時から山ばかり行ってましたねえ。筒マムシの話は隣の婆ちゃんによく聞きましたよ」

筒マムシとはツチノコの地元呼称である。

八木さんは高校時代、山岳部に所属して近隣の魚沼の山々を縦横に巡っていた。

「あれは高校二年の秋だったかなあ確か、二泊三日の行程で先輩と二人で山へ入った時です。地元の山を縦走している途中で道に迷ったんですよ」

深い霧の中で兎岳まで辿り着いたが、そこからルートが分からなくなってしまう。自分たちがどこにいるのか、方向すら不明な中で不安な気持ちが高まるの抑えきれなかった。

「その時ですよ、声が聞こえてきたんです。若い男女で複数でしたね」

霧の中から聞こえてきた若者の声は実に楽しそうである。女性のほうは特に浮き浮きした感じで、少しはしゃいでいるようでもあった。

「ああ、近くに人がいるんだと思いました。それで声をかけたんですよ、おーい、ここはどこだーって」

しかし彼らから返事は無く、しばらくすると周囲は再び静寂に包まれたのである。八木さんたちは霧の中で彷徨《さまよ》いながらも何とかルートを発見して帰ることが出来た。

「いやあ、あれは不思議でしたねえ。疲れてはいたけどはっきりと聞こえたんですから。間違いなく人の声でしたよ」

＊

それから三年後、八木さんは苗場《なえば》山で不思議な光に遭遇することとなる。

「仙遊閣っていう山小屋が当時あったんですよ。そこで二年間小屋番をしていました」

高校を卒業した八木さんが目指したのは登山家だ。その準備段階として山小屋で二年間働いている。そこで小屋の管理をしたり三十キロを超える荷物を下界から運び上げる作業などもこなす山男の生活にどっぷりと浸かっていた。

「あれは確か夏でしたねえ、八月十三日だったかなあ」

山男は山行きの記録を克明に付けている人が珍しくない。正確な日時が分かるのはそのためである。

「小屋の仕事が終わって一段落したんです。それで屋根に登って星空を眺めていたんですよ」

一日が終わって静かな山の中、頭上に煌《きら》めく星々は触れられそうに近い。頬を撫でる心地良い夜風の中、至福の時間が過ぎていた。辺りを見渡していた八木さんは、或る場所でふと目を留めた。何かが光っている、何だろう？

「方向としては秋山郷のほうでしたね。かなり広い範囲で光っているんですよ。あれ何だろうなあと……お盆だから墓があってお参りの灯りかと思ったんです」

しかしそれはほぼ一山の斜面を埋め尽くす光だ。そんな広い墓場があるのだろうか？　八木さんは謎の光をしばし眺めたのである。翌朝になっていったい何がある場所だろうと再度屋根に登って確かめると……。

「何も無いんですよ、その辺りには。二〇〇〇メートル近い場所ですからね。墓地どころか人家も何もありません。もうぞーっとしました」

この小屋番時代にニホンオオカミと思われる遠吠えに全身が震える恐怖を経験している。満月の夜の山々に響く遠吠えは八木さんの人生に大きなインパクトを与えたのである。

＊

三十年ほど前、八木さんは屋久島でも不思議な経験をしているそうだ。

「あれは春でしたね、確か。屋久島を縦走するんで初日に淀川《よどごう》小屋に泊まったんですよ。小屋には私以外に誰もいませんでした」

関東地方に比べると屋久島は日が長い。午後六時半になってもまだ外は明るかった。八木さんは小屋の外で夕飯の支度を始めた。夕飯といってもインスタントラーメン、実に簡単な夕げである。

「お湯を沸かしながら準備をしたんですよ。そうしたら登山道から誰かが下りてくるのが分かりました」

目の前には登山道が山へ向かって延びている。そこから複数の登山者たちが下りてくる足音が聞こえた。ああ、縦走を終えた人たちが下りてきたんだなあと思った八木さんは、しばし手を休めて彼らを待つことにする。

「初めての屋久島でいろいろ話を聞きたかったんですよ。ちょうど良いところに下りてきてくれたなと嬉しかったですね」

しかし役に立つ話は聞けなかった。いや、そもそも誰も下りてはこなかったのだ。

「間違いなく数人の足音だったんです。すぐそばまで下りてきたはずなのにね……」

実は屋久島はこのように少し不思議な話が多い所でもある。

山怪拾遺

何者？

ガサガサと茂みの中から聞こえてくる足音。キノコ採りの人かなと音のほうを注視するが、いつまで経っても誰も現れない。そのうち、足音はすぐ横を通り過ぎ、ガサガサと自分を追い越していく。典型的な山怪の一つである。この場合、その正体はまったく姿形が見えず判別不能だ。しかしはっきりと見えても正体不明という場合も多い。

＊

宮城県蔵王町の七日原《なのかはら》高原に遊びに行った女性は実に奇妙な動物に出会っている。夕方近くに高原の牧場を訪れたが、広々とした草原にどう見ても牛ではない巨軀が闊歩しているではないか。

「えっ、何あれ？」

見慣れぬ姿に目が吸い寄せられる。堂々とした姿はテレビなどで見覚えがあった。がっちりとした肩周りと長毛で覆われたまさにバッファローである。

「何で？　何でこんな所にバッファローがおるん？　君はいったい何？」

夕方のせいかほかに牛の姿は無く、草原に王者の風格で佇むバッファロー。女性は唖然《あぜん》としながら見入ったのである。もちろんこの牧場でバッファローなど飼ってはいない。

＊

兵庫県加古川市に住む島田一志さんの話。

島田さんは三十年以上前からマウンテンバイクで県内各地の山々を走り回っている。送電線鉄塔の巡視路もほぼ網羅する強者《つわもの》だ。単独行動を好み、趣味の山歩きの人と出会う場所はあまり行かない。

「確か九六年（平成八年）でしたかねえ、季節は忘れましたが多可町の三国山のほうへ入ったんですよ。青玉神社の近くからこうV字谷の登山道があって、そこを登りました」

足場は悪くガレ気味だ。沢の反対側はかなりの急斜面である。島田さんは登りながらふとそちらのほうへ目を向けた。

「あれ？　何やろう。人かいなあ」

急斜面に見えたのは菅笠《すげがさ》だった。山仕事の人が作業で入っているのかと思い、足を止める。

「まあ人くらいの高さはありましたかねえ。よう見えんのですわ、それが。人なんかもよう分からん。菅笠ははっきり見えるんですけどその下がね、何やこうぼうっと黒いちゅうのか何やもやもやっとしとるんです」

いくら目を凝らしてみても菅笠の下にあるはずの姿形が判然としないのである。そして驚いたのはその移動する速度だった。

「いやかなりの急斜面なんですよ。それなのに信じられない早さで歩いているんです。あれは何だったんでしょうかねえ。幽霊だとはまったく思いませんでしたよ。頭に浮かんだのは妖怪って言葉でしたね。ああこういうのが妖怪なんやとね」

＊

新潟県上越市の高田地区に住む人から聞いた話。

「私も山には行きますが、不思議なことは経験がありませんねえ。でも両親は変なモノを見てますよ」

山へ行く時、お父さんお母さんはいつも一緒で仲が良いそうだ。春の山菜採り、秋のキノコ探しと夫婦であちこち歩くのは長年の習慣でもある。

秋のことだ。キノコを求めて県道を進んでいた。すっかり色づいた遠くの山々を眺めながら車を走らせる。

「最近は雪が少ねえから、このまま行くと冬タイヤなんて要らなくなるんじゃねえか」

「そこまで暖冬になったら地球も大変だよ」

「ははっ、そりゃあそうだ」

たわいもない話をしながらのドライブもいつものことだ。話しながらお母さんが左側の山肌に目をやった。

「あれ！　あれ何？　ねえあれほら」

いきなり大声をお母さんが上げたのでお父さんも驚いた。

「何？　何があった」

指さすほう見ると何かが動いている。

「お父さんあれ、三輪車だよ、三輪車」

そこには赤い三輪車とそれに乗った子供の姿があった。歩くのも大変な急斜面をその三輪車は凄いスピードで駆け上がり、森へと消えていったのである。

＊

蔵王町の鎌倉温泉の女将に聞いた話。

「火の玉ですか？　ああ、二回ほど見たことはありますよ。すぐそこの所をふわーっと飛んでいったんです。その時は親戚が亡くなったって連絡があってねえ。この近所じゃ〝ヒガンダマ〟って言いますねえ、火の玉とは言いません。蛇ですか？　ああ、それなら頭が二つある蛇は見ましたよ」

それは山菜採りに近くの山へ入った時だ。ガサガサと草を掻き分けていると一匹の蛇と目があった。

「あれ、マムシじゃないなと見ていたら頭が二つあるんですよ」

「はあ、首が二股になっているんですね」

「違うんです。頭があるでしょ、そこから尻尾のほうを見たらそっちにも頭があるんです。よく見ましたよ、もちろん。あまにり変わっていたから。二匹が絡んでいる訳じゃなくて、もうそのまま胴体の前後が頭だったんです」

二股に別れた頭部はごく稀に生まれるが、胴体の両端が頭とは……どういう構造なのだろう？

「帰ってみんなに話したけど誰も信じないんです。〝女将さん見間違えたんでしょう〟って。絶対そんなことないのに」

女将は今でも悔しそうに話すのである。

おわりに――コロナ禍と山怪

二〇一九年（令和元年）に中国武漢から広まった新型コロナウィルスは瞬く間に世界中へと広がった。当初は実態が分からず、日本国内も比較的のんびりとしていた。それでも警戒感がまったく無かった訳ではない。

二〇二〇年（令和二年）の三月に取材で訪れた長野県山中での出来事である。約束の時間まで少し間があったので国道沿いのコンビニへ入った。コーヒーを買って店の駐車場で飲んでいると妙なことに気がつく。コンビニへ向かう人がやたら私の車を見るのである。それも繁々と。先週スタッドレスタイヤを交換したから、それを見ているのだなと最初は思った。この辺りではゴールデンウィーク明けまではタイヤ交換をしないから珍しいのだろうと。それにしても見すぎだ。何がそんなに気になるのか？　車から降りて彼らが向けていた視線の先を確認すると……ナンバープレート。そう彼らは〝こいつはどこから来たんだ？〟と確認していたのである。

その頃はまだ新型コロナ患者が発生していない県や市町村が多くあった。最後まで患者ゼロを〝争った〟のは岩手県と鳥取県で、岩手県では秋田県との入来を禁じるべきだという暴論も出た。県単位ですらこうだから、集落単位となると戦々恐々としている。

初めて罹患すれば、孫子の代まで〝あそこの家がこの村最初のコロナ患者だ〟と言われかねない。誰もが疑心暗鬼に陥りつつあった。それでも取材は何とか出来たのである。

風向きが完全に変わったのは志村けんさんが亡くなり患者数も急激に増えた辺りだ。田舎ではまだ患者ゼロを維持する地域が多く。そこへ〝患者山ほど〟の街場から出向くことは憚られる。決定打になったのは行動制限だ。これが掛かったことでもうどうしようもない状態に陥った。行動制限はサービス業全般に降りかかったあまりにも大きな災厄であるが、まさかフリー稼業の自分が身動き取れなくなるとは思わなかったのである。

こうして『山怪 朱』の取材は完全に止まってしまう。この時点で取材は半分程度終了し、年内には出版出来ると踏んでいたが、その目論見は完全に崩れ去ったのである。

それから二年あまりが経ち、徐々に、本当に徐々に取材を再開し始めた。二年間のブランクはかなり大きく、フットワークが実に悪い。遅々として進まない取材、当然原稿も捗らず溜息が出る始末だ。

〝ひょっとしたら『山怪 朱』は出版出来ないのかも知れない〟

考えたくはないが、そんなネガティブな思いもふと頭を過《よぎ》るのである。新型コロナの問題のみならず、二年間という時間経過は話を聞ける人の数を確実に減らしているのだ。当初より山怪取材は時間との闘いでもあると自覚はしていたが、いきなり厳しい局面が訪れるとは思いもしなかったのである。それでも多くの人たちに会って話を聞くことが出来たのは大変ありがたかった。失われた時間は取り戻しようがないが、集めた話はしっかりと残すことが出来たと思う。

最後になるが、取材を快く受け入れてくれた各地の皆様、そして観光協会など各機関関係者の方々、コロナ禍にも関わらずご協力頂き深く感謝する次第である。また遅れに遅れた執筆を岸壁の母のように待ち続けてくださった編集者さんにも謝辞を述べたいと思う。

田中康弘（たなか・やすひろ）

一九五九年、長崎県佐世保市生まれ。礼文島から西表島までの日本全国を放浪取材するフリーランスカメラマン。農林水産業の現場、特にマタギ等の狩猟に関する取材多数。

著作に『山怪』『山怪 弐』『山怪 参』『完本 マタギ 矛盾なき労働と食文化』『鍛冶屋 炎の仕事人』（山と溪谷社）、『女猟師 わたしが猟師になったワケ』『日本人は、どんな肉を喰ってきたのか？』『猟師食堂』（枻出版社）、『猟師が教えるシカ・イノシシ利用大全』（農山漁村文化協会）、『ニッポンの肉食 マタギから食肉処理施設まで』（筑摩書房）などがある。

編集：藤田晋也　勝峰富雄
宇川 静（山と溪谷社）
アートディレクション：勝峰 微
装丁：高橋 潤

山怪 朱

山人が語る不思議な話

二〇二三年二月二〇日　初版第一刷発行

著者　田中康弘
発行人　川崎深雪
発行所　株式会社山と溪谷社
〒一〇一－〇〇五一
東京都千代田区神田神保町一丁目一〇五番地
https://www.yamakei.co.jp/
◎乱丁・落丁、及び内容に関するお問合せ先
山と溪谷社自動応答サービス　電話〇三－六七四四－一九〇〇
受付時間／十一時〜十六時（土日、祝日を除く）
メールもご利用ください。
【乱丁・落丁】service@yamakei.co.jp
【内容】info@yamakei.co.jp
◎書店・取次様からのご注文先
山と溪谷社受注センター　電話〇四八－四五八－三四五五
ファックス〇四八－四二一－〇五一三
◎書店・取次様からのご注文以外のお問合せ先
eigyo@yamakei.co.jp

印刷・製本　大日本印刷株式会社

Printed in Japan ISBN978-4-635-32017-7